スローエイジングスタイルのすすめ

48歳からの自分づくり

スローエイジングデザイナー
中村 ますみ

はじめに

私の大好きな言葉をご紹介します。

私たちは年とともに老いていくのではなく、
日々新たに変わっていくのです。

アメリカの詩人　エミリー・ディキンソン

日本人の平均寿命は戦後60年余りの間に30年ほど長くなり、人生50年から、人生80年とも100年とも言われる長寿時代になりました。

この30年を、また、ワーキング・ライフや子育てを終えてからの時間を、どう生きていきたいかを考えることは、今とても重要な課題になっています。

最近、健康で、美しさも兼ね備えた中高年の女性たちが増えています。

いつまでも若々しく美しく、アクティブな女性が増えていくことはとても喜ばしいことです。

ここ数年程前からようやく、50代以上の女性を対象とした化粧品やファッション雑誌も出てきました。さらには、60代、70代の女性を対象としたものも見られるようになりました。

人生をもっともっと楽しんでいいんだ！　と嬉しくなってきます。

でも悲しいかな！　年を重ねれば、若さは確実に失われ、加齢を避けることはできません。

そこで私がみなさんにおすすめしたいのは、「スローエイジングスタイル」という暮らし方です。

え？　スローエイジング？

年相応に、おとなしく暮らしなさいってこと？　そう思う方もいらっしゃるかもしれませんね。

いえいえ、私がおすすめするスローエイジングはそうではありません。

「これまでの人生を慈しみ、今を充実させ、明日に希望を描く」ことです。

さまざまな経験や体験、そして豊富な教養とともに年を重ねてきた今、「お母さん」や「妻」、またはワーキング・ライフにおいての肩書きをちょっと横にはずして、もっともっとアクティブに「生涯女性」を目指しましょう！　という考え方・暮らし方。

これが「スローエイジングスタイル」です。

ここでとても大事なポイントは、「決して無理はせず……、されど諦めず……」です。

日々のちょっとした心がけと、気持ちのチャンネルを柔軟に変えることで、無理なく、いつまでも生き生きと明るく美しく、実年齢マイナス10歳を目指します。

そんなことどうやって？　それをこれからご紹介します。

「スローエイジングスタイル」、私といっしょに、はじめましょう。

目次

基礎編
スローエイジングスタイルとは

1

歳を重ねるごとに若々しさのエネルギーが増す「スローエイジング」

若い人には若い人にしかない美しさというものが確かにあります。でも、それはほんのわずかな期間しか続かないもの。

人生は、〝若さ〟を失ってからのほうがずっとずっと長いのです。

若さを失った自分を否定するのではなく、長い時間を生きてきた、そんな自分を受け入れ慈しみましょう。


シミは、たくさん外に出て活動してきた元気の証。

シワは、たくさん笑った明るさの証。

タルミは、今日まで生きてきた生命の証。


されど、少しでも若く、美しくありたいと願うのが女性というもの。

加齢を止めることはできませんが、加齢による変化のスピードを落とすことは十分可能なのです。

良《よ》しも悪《あ》しきも全て含め、これまでのさまざまな経験や体験・豊富な知識は、歳を重ねてきた者だけが持つ、かけがえのない宝物です。

若さを失ったことで得る大きな宝物……

本物の美しさは若さを失ったときから始まります。

3年後、5年後、10年後の自分はこうありたい！　とイメージを描いて、そこに向けての今日を過ごしましょう。

それが、歳を重ねるごとに若々しさのエネルギーが増す秘訣です。

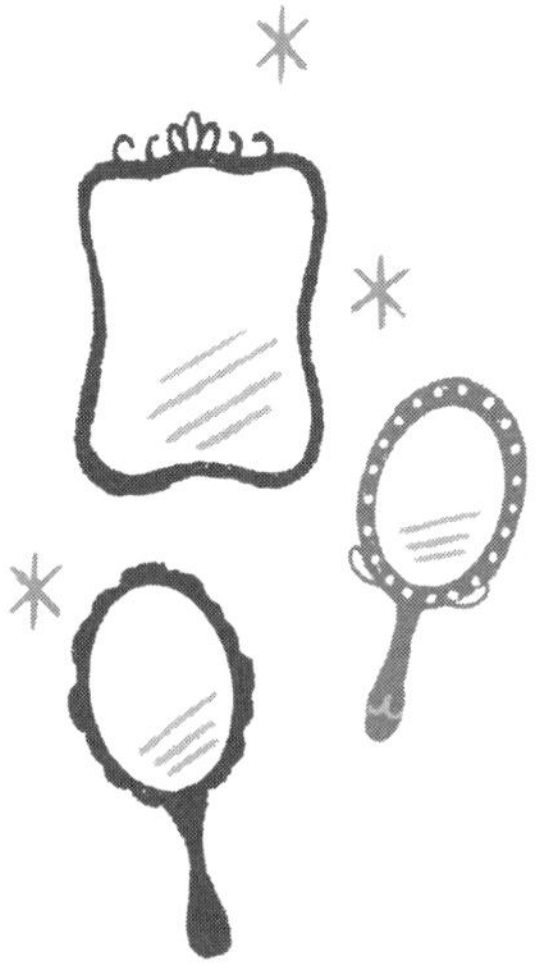

2 「顔」「体」「心」の3つのバランス

スローエイジングは、見た目美人、健康美人、心美人の3つのファクターがなるべくバランス良く！　が大前提。

顔だけが若くても体が健康でなければ、人生をアクティブに楽しむことはできません。また、いくら顔が美しくても、心がひねくれていたり、不平不満ばかりのネガティブ思考の人だったら、はたして交流を持ちたいと思うでしょうか？

逆に、「優しそう」「元気そう」「若々しくキラキラ綺麗！」「清潔そう」……こんな見た目の印象の人とならお話してみたい！　お知り合いになりたい！　と自然に思えるのではないでしょうか。

見た目、体の健康、心の美しさの、3つのバランスが取れてこそのスローエイジング。3つの中でも、まず何から取り組むかというと、それは「見た目」です。

人は、見た目が美しくなると、誰かに見て欲しくなって、外に出て行く。外に出ると出会いが増える。出会いが増えると、会話も増える。会話が増えると心が前向きになり、それが体にもよい作用を及ぼして、その人を内面から美しくしてくれる…というように、幸せなプラスのスパイラルに乗れるからです。

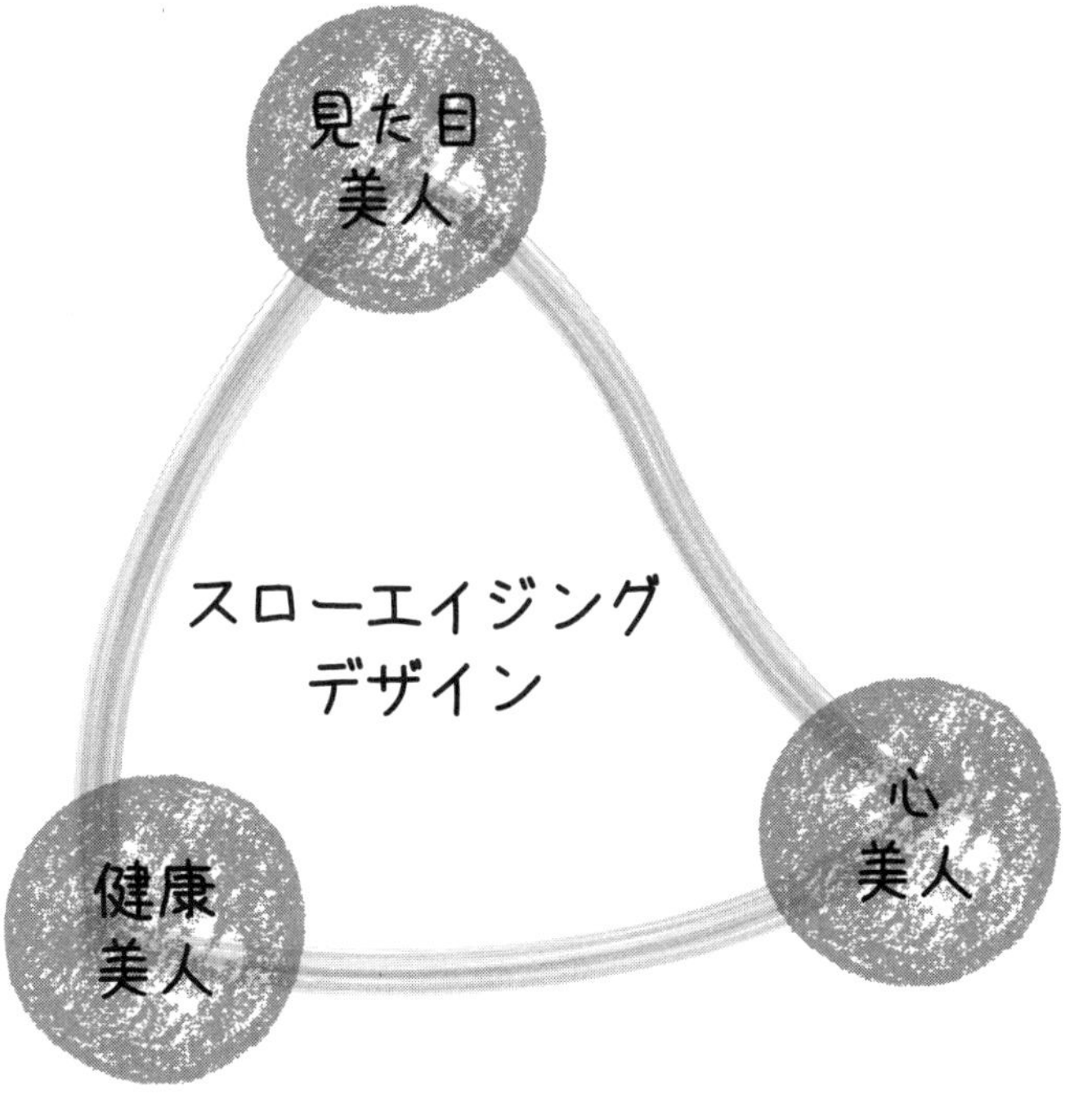

3 第一印象は6秒で決まる！

国語辞典で「第一印象」の意味を調べてみると「物事や人に接したとき、最初に受けた感じ」とあります。

初対面の人と出会ったとき、人は誰でも必ず「第一印象」を持ちます。そしてその第一印象の〝イメージ〟は、後々の関係にまで影響を及ぼすほど重要だと言われています。

アメリカの心理学者、アルバート・メラビアンが1971年に提唱した「メラビアンの法則」では、人の第一印象は初めて会ったときの約6秒で決まるとされています。

そしてその判断の割合は、外見（Visual）が55パーセント、話し方（Vocal）で38パーセント、話の内容（Verbal）は7パーセントです。

第一印象を左右するのはやっぱり〝見た目〟ということになりますね。

だとすれば、見た目に気を配ることはとても大事です。

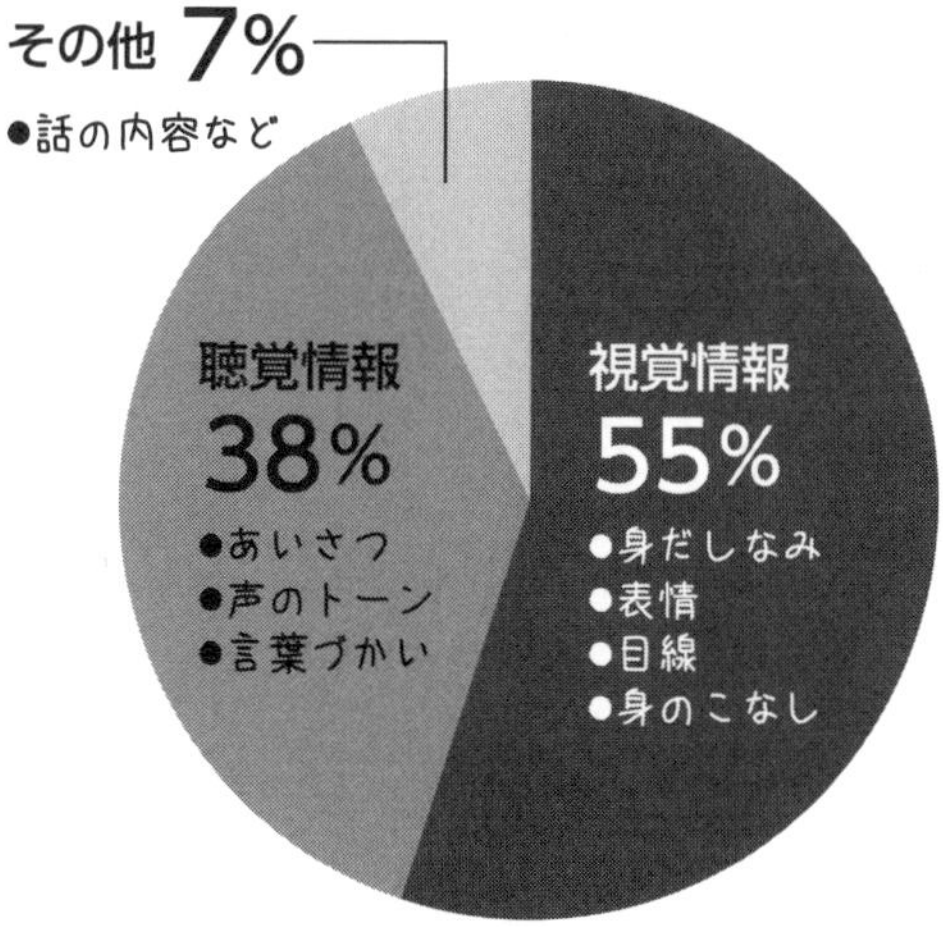

スローエイジングは、美しい見た目を保つために、高級エステサロンに通いなさいとか、はたまたボディラインを保つために、過度な運動をしたり、無理なダイエットをおすすめするというのではありません。第一、そんなことは長続きしないものです。

一日ほんの数分でできることや、身近なものを利用してできることを、この本では紹介します。

高級エステは、がんばった自分へのたまのご褒美と考えましょう。

簡単なことをこつこつと毎日続けること。そのほうがずっと大事ですし、結局は効果的なのです。

4 肌年齢よりも全身の印象が大事

テレビなどで、肌年齢チェッカーでお肌を診断している場面をだれでも一度くらいは見たことがあるのではないでしょうか。

頬の一部の皮膚をズームアップして、肌のキメや水分量をチェックして、実年齢マイナス何歳と言われて喜んでいる人をよく見てください。

お肌のアップから、カメラを少しずつ引いて、どんどんズームアウトしていってみたらどうなるでしょう。顔、髪、上半身、そして全身……。マイナス10歳だったのが、マイナス5歳、0歳、最後にはプラス10歳なんてこともあるかもしれません。

美しさは、肌の一部分を見て水分量が何歳の肌というような「クローズアップ」だけで判断するものではなく、肌の一部から顔全体、首筋、髪、上半身、全身、雰囲気と「ズームアウト」して、全体像として見たときに「10歳若い」が一番正しいのです。

しぐさ、立ち居振る舞い、恥じらい、そういうものも含めて美しさであるということを忘れないでください。

頻繁に高価なエステティックサロンで施術を受けたり、最新美容技術を駆使すればお肌だけ若返らせることは可能になりましたが、本当の若々しさとは、その人の全身から発するエネルギー、若々しさのオーラが感じられなければいけません。

健康で、生き生きとして、ポジティブに何にでもチャレンジする、そういう行動スタイルやライフスタイルすべてをひっくるめて生命力に満ちあふれている、本当の若々しさを目指したいものです。

5 若々しさと若作りは違う

ひところ、「友だち親子」という言葉がはやりました。成人した娘さんと同じような服を着て、ショッピングを楽しむお母さまを見かけることもありますよね。遠目には、一瞬姉妹かと思うような若々しい母娘なのですが、ちょっと近くに寄ってみると、お母さまの若作りがイタいなぁ……そう感じたことはありませんか?

だれでも、若々しくありたいと思うもの。でも、〝若々しい〟と〝若作り〟は、全然違います。ここを勘違いすると、かえって老化を際立たせてしまうことになってしまいます。

ただ若く見られたいという目的で、45歳のお母様と22歳の娘さんが、同じ服を着たら、娘さんはより若々しく、お母さまはより老けて見えるというのが、厳しいですが現実です。

もし、このお母さまが、単純に娘と姉妹に間違えられる程若く見られたい、というのではなくて、自分はこれが好きだから、これが私のスタイルなの、というポリシーを持って選んだ服であったなら、印象は全く違ったかもしれません。

ファッションには「流行」と「スタイル」があります。

「流行」が、ある瞬間を彩り楽しんで消えていくものだとすれば、「スタイル」は自分の生き方を表現するものです。

先日、一見60歳位の、かなり目立つ派手な装いをした女性に出会いました。スッーと背筋を伸ばしてさっそうと歩いていく姿は、「人が何と言おうとこれが私なの!」という、ポリシーが伝わって来て、あまりのカッコ良さに見とれてしまいました。

たとえどんなファッションやメイクをしていても、その人の生き方としっかり合致していれば、内面とのずれがなく、しっくりと素敵に見えるのですね。

6

美を追求しすぎる人が陥るワナ

お仕事で知り合った方で、とてもきれいな人がいらっしゃいました。

私と同年代の50代半ばくらいの方ですが、異常なまでに自分の美しさに気を使われる方で、今でも十分すぎるほどきれいなのに、ご本人にしかわからないくらいのシワ一本でも気になり、すぐにプチ整形をしてしまう。そのうちに、シワだけでなく、鼻も、あごも、と次々と気になりだして止められない。こうなると、身体醜形障害とか、醜形恐怖症という、りっぱな病気です。

拒食症の人が、もう十分にやせているのに、まだまだやせようとして食べては吐くことを繰り返すのと同じで、うつ病を併発する割合もかなり高いとされています。引きこもりなど日常生活に支障をきたすようになると、治すのは非常に困難です。

もちろん、美しくなりたいという気持ちはだれでも持っているものですし、そのために、美容整形という道を選択することを否定するつもりはありません

たとえば、外見に何か大きなコンプレックスがあって、そのために人前に出るの

が苦痛だという人が、美容整形によって気持ちが明るくなり、前向きな人生を歩めるようになったとしたら、それは喜ばしいことですし、そういう例は実際にたくさんあります。

けれど、なにごともやり過ぎはダメということ。

繰り返しますが、「決して無理をせず、自分スタイルで」がスローエイジングの基本的な考え方。

外見ばかりを気にしすぎるあまり、心を病んだり、健康を損なったりしてはもともこもありません。

7
スローエイジングで見た目マイナス10歳を目指す

だれにも避けることができない加齢という厳しい現実。

加齢を受け入れつつ、できるだけ、老化のスピードを落としましょう。

そして、実年齢マイナス5歳、願わくばマイナス10歳を目指しましょう。

どうしてマイナス15歳や20歳ではなく、マイナス10歳なの？　と思う方もいるかもしれませんね。それは、実年齢マイナス10歳くらいが、一番自然に若々しく美しく見えると思うからです。

もし45歳のあなたが、25歳に見えたとしたら……。なんだか……違和感がありませんか？

40代以降の女性なら、これまで生きてきて身に着けた貴重な経験や、豊富な教養が外見にもにじみでているはず。極端に若く見えるということは、子どもっぽい、人間的に未熟、という、むしろマイナスなイメージを与えてしまうことも多々あるように思います。

それに、現実的に、20歳も若く見られることはそう簡単ではありません。いくら化粧品や美顔器の性能がよくなったからといっても限界があります。けれど、マイナス10歳なら、ちょっとした日々の心がけで実現可能です。

自分の年齢より10歳上の人で、憧れの人を見つけると目標になります。10年後こうありたいという目標を持つことで、1年後、3年後、5年後、7年後をシミュレーションすることができ、そうなるために日々どうするかが具体的に見えてきます。

マイナス10歳を目指した今日のちょっとした心がけの積み重ねは、確実にあなたを若々しく変え、回りから嬉しい評価が聞けるはずです。

もう一つ、マイナス10歳を目指し、「きれい」を保つためにとても大事なことがあります。

それは、メタボリックシンドロームや糖尿病などの生活習慣病にならないように注意することです。健康であることは「きれい」の基本であることは言うまでもありませんね。

加齢を止めることはできなくても、老化のスピードを落とし、「生涯女性」を目指しましょう。

8 「あきらめ」ではなく「折り合いをつける」

「折り合いをつける」「過度なこだわりは捨てる」これは、スローエイジングのキーとなる考え方です。

ここだけは譲れない、という自分のこだわりを持つことは、あなたがあなたらしく生きるうえで、必要なことではあるけれど、それは最小限にとどめましょう。

行き過ぎたこだわりは、執着に変わってしまいます。執着する対象は、お金、恋人、肩書き、若さ、地位、生活レベルなど人によってさまざまですが、自分の思い通りにならないイライラや不安から、人の苦しみは始まります。

人生思い通りになんていかないのが現実。まして相手がいることであればなおさらです。過度なこだわりは、なるべく早く手放したほうが、ラクになれます。

ではどうしたら、過度なこだわりを捨てられるのでしょう？

それは折り合いをつけること。

自分の気持ちに対しても、加齢に対しても、物の考え方や、人付き合いもそうです。

いやだな、と思う人がいても「そういう考え方もあるのね」とさらりと流しましょう。「絶対こうでなきゃ」と思うことがあっても「これもありかもね」と柔軟に考えてみましょう。

折り合いをつけることは決してあきらめることではありません。次に進むための方法です。うまく折り合いをつけることができたら、その先には小さな灯りが見えて、次に進むことができるということ。

「言われなくても折り合いをつけて生きているよ。会社の嫌な上司にさからわず、会社に貢献しているのだから」と思う方もいるかもしれませんね。

そうです。それも折り合いをつけていることです。

「上司も嫌だし、同僚とのお付き合いも大変だけど、会社がつぶれても困るし……。そんなこんなもぜーんぶ含めてお給料を頂いてるし……よし、がんばろう！」、と気持ちを切り替えられるのであれば、それは自分なりにうまく折り合いをつけているということになるのです。

こんなふうに考えると、なにが起こっても、「ま、いいか」とおおらかに受け止められるようになります。そのほうが、むだなストレスに悩むことがなくなり、心おだやかになれるはずです。

9 ストレスは若さの大敵

老化の最大の原因の一つといわれるのが活性酸素。

鉄が酸化してさびるのと同じように、体内で発生した活性酸素の影響によって酸化が生じ、お肌や体がさびてしまうのです
ではなぜ、活性酸素は発生するのでしょう?

それは、過度のストレスや紫外線・たばこ・食品添加物などが主な原因と言われています。

特にストレスは要注意です。

よく「ストレスから胃潰瘍、十二指腸潰瘍になった」と聞きますが、これも活性酸素が大きな原因の一つだと言われています。

生きて行くことは、天国に向かう長ーい道のりを、歩いて行くことです。

ときには走り、ときには振り返り、また、ときにはだれかと共に歩き、ときにはだれかを追い越し、追い越され、そしてときには道端の小さな花に癒されながら、

先が見えない道のりを歩いて行くのです。

生きていると、辛いこと、悲しいこと、たくさんあります。人間関係に悩んだり、病気をして生きる元気を失いそうになったり、理不尽なことで絶望したり……。

くよくよ悩んで泣いたり、だれかを恨んで、問題が解決するなら、いくらでもそうすればいいのですが、どんなに悩んで恨んで、泣いても解決することはほとんどありません。どこかで心に折り合いをつけるしかないのです。そうしない限り、そこから抜け出すことはできないのです。いつまでも悶々としているのはとても苦しいことです。

泣いて泣いて、泣き疲れれば涙は涸れます。悩んで恨んで悶え苦しんでも何も変わらないなら、嫌なことなど忘れてしまいましょうよ。

気持ちの置き場のチャンネルを変えたら、先に進めます。

ありのままの状況を心に折り合いをつけながら受け入れたら楽になれます。

楽な方が、毎日が楽しく生き生きと若々しくいられるに決まっています。

人は絶対一人では生きていけません。わずらわしいな、と思う人間関係だけど、それなしでは生きていけないのです。気持ちのチャンネルをちょっと変えて、イヤなこともプラスにしてしまいましょう。

簡単！セルフチェック法

すっぴんのままでもキレイ！と言われるのは20代まで。30を過ぎたら、人前に出るときはきちんとメイクをしましょう。メイクをしたら、自分で写メを撮って確認することをお勧めします。そうすると、客観的に自分の姿を見ることができるからです。

眉はちゃんと左右対称に書けているか、眉の形は自分に合っているか、アイメイクが濃すぎないか、などなど、冷静にチェックしてみてください。

写メに写った自分って、目の下のクマや、頬骨の影が鏡で見るときよりも鮮明に映し出されます。鏡で見るときは、ついつい自分でもきれいに見える角度から見ようとするので、自分の本当の姿に気づきにくいのです。あれ？　私ってこんなだっけと、最初見たときは私も落ち込みました。でも、これが今の本当の自分なのです。「若いときはもっとキレイだったのに」と過去の若さにすがるのはやめて、「じゃあこれからどうする？」と前向きに考えましょう。

見た目美人編

きれいは元気のみなもと

10

きれいになりたい！　は女性の本能

きれいになる嬉しさは女性の本能なんだ！　と教えていただいたエピソードを紹介します。

私は、約10年ほど前から、高齢のご婦人や障がいをお持ちの女性に、ボランティアで、メイクをさせていただいています。

90歳に近いそのご婦人は、ほとんど寝たきり。話しかけても無表情で、かなり認知症が進んでいらして、家族の顔も忘れてしまうような状態でした。職員さんがお世話をするときに体に触れるのをとても嫌がるので、メイクなんて無理かな、と思っていたのです。ところが、薄くパウダーをたたいて、ピンクのチークと口紅をさし、「とってもきれいになりましたよ」と手鏡を渡したら、ぱっ！と表情が変わって、少女のように顔を赤らめ、じっと飽くことなく自分の顔を見ていました。

それ以来、私たちがメイク道具を持って施設を訪れるたびに、嬉しそうな顔をして迎えてくれるようになりました。

これには施設の人も驚いていました。ずっと無表情だったおばあちゃまが、笑顔を見せて、家族の顔さえ忘れるのに、私たちの顔を見ると歓迎してくれるようにさえなったのですから。

また、ある全盲の女性との出会いもありました。その方は、生まれてすぐに視力を失ってしまったので、色のある世界を知りません。なのに、「今日はワイン色の口紅をして」と注文をしてくれるのです。そして、きれいにメイクが仕上がると、本当に楽しそうに、愛犬（盲導犬）といっしょに出かけていきました。

高齢になっても、記憶が消えてゆく認知症を患っても、目や耳・体に障がいがあったとしても女性はみんなきれいになりたいのです。

きれいになると、きれいな自分を見てもらいたくて、外に出かけたくなります。きれいだね、とほめられると心が明るくなって、行動が生き生きしてきます。

「きれいになること」にはそういう力があるのです。

11

40を過ぎたら、自分の顔に責任をもちましょう

私が素敵だなと思う人は、端的に言えば背景が見える人です。

「背景」とは、家柄や学歴ではありません。その人の内面が滲み出た生き方・生き様です。

「男は40歳にもなれば自分の顔には責任を持たねばならない」

これはアメリカの16代大統領リンカーンの言葉ですが、女性にも言えることではないでしょうか。ある年齢を越したら、人の顔にはその人の人生、生き方、考え方が刻み込まれていきます。

「あの人、顔は美人だけれど、性格はいじわるね」

「見た目はさえないけど、あの人内面は優しくていい人なのよ」

見た目と内面のギャップ、誰にでもありますよね。でも、年をとるごとにそのギャップはだんだん小さくなり、40を過ぎる頃には、内面がもろに顔に出てしまうようになってしまいます。「あの人、いじわるそうな顔だわ」と思ったなら、内面も

やっぱりいじわるな人は結構多いのではないでしょうか。

人の第一印象は意外に正確なものです。その人の持つ顔の表情は、人生の長い時間をかけて作られてきたものだからです。

背景作りに終わりはありません。いくつになっても気づいたときから新しい背景作りをしていくことはとても大事です。

人の悪口や、不平不満を言っているときの自分の顔を一度鏡で見てください。不機嫌で、とても嫌な表情をしているはずです。毎日毎日不機嫌に過ごしている人は、その表情が少しずつ少しずつ固まって、いつのまにかそれが表向きの顔になってしまうのです。

夢を持ち続け、好奇心を忘れない。そして、正直で優しく、かわいらしい恥じらいを感じさせる自然体の顔。そんな顔を作っていきたいですね。

12

「見た目より中味」はウソ

「見かけじゃないよ、心だよ」と、よく言われますが、本当にそうでしょうか？前章にも書きましたが、アメリカの心理学者、アルバート・メラビアンの「メラビアンの法則」によれば、人の第一印象は初めて会ったときの約6秒で決まり、情報の55％は「視覚」から得ているとされています。

だれだって、清潔できれいな人の方が好き。それが本音じゃないでしょうか。きれい、とは顔のつくりのことばかりではありません。きちんとお手入れして、美を意識しているかどうかが大事です。

もう年だし、近所の人に会うくらいでいちいちお化粧なんて、と面倒くさがってはいけません。そこから老いは始まるのです。

近所の人に会うくらいでお化粧なんて……と思うなら、人に会う機会を自分でつくりましょう。新しい出会いによって得る刺激や、人とのコミュニケーションは、脳の老化防止にも有効です。

見た目だけきれいにしても仕方ない、なんて思っていませんか？　そんなことはありません。

見た目をきれいに保つことは、あなたの心を元気にするためにも効果的です。

すでに述べたとおり、私は、病気や障がいをお持ちの方、高齢のご婦人の方々に元気になって頂きたいと、メイクのボランティアに出かけています。

精神科の病院でのことです。ある患者さんは、メイクできれいになった自分の顔を見て、「こんなにきれいになるのだったら、お風呂に入っておけばよかった」とさも残念そうに言うのです。その方は、精神病の症状の現れの一つで、お風呂に入るという行為を嫌い、もう3カ月もお風呂に入っていなかったのだとか。

ずっと家に引き込もっていた高齢のご婦人にメイクをしてさしあげたときも「外に出かけて、きれいになった顔を見せたい」と言って、本当にちょくちょく外出をするようになりました。

人は、きれいになることで元気になり、新しい一歩を踏み出すことすらできるのです。

13

いいシワ、わるいシワ

「最近、シワが増えてきたわ」とお悩みのあなた、すべてのシワを目の敵にするのはやめましょう。

横のシワはいいシワなんですよ、と私はいつも言っています。

横のシワの代表格は、目尻のシワ。

目尻にたくさんシワがある人は、たくさん笑ってきたのだな、たくさんの人に囲まれて幸せな人生を歩んできたのだな、と思わせます。

それに「しわが色っぽい」…そんな女性はたくさんいらっしゃるんですよ。

「横のシワは、幸せの証」なんです。

それに引き換え縦のシワは悪いシワです。

縦のシワの代表格は、眉間のシワ。

いったい何をそんなに悩んできたの？　と、人を暗い気持ちにさせてしまいます。

また、老けた印象にしてしまうのが、小鼻の横から口角に向かってのびる、ほうれい線。そして、口角から顎にかけてできるシワ。まるで腹話術の人形（マリオネット）のような口元に見えることから、マリオネットラインと呼ばれていますが、これらのシワがあるとないとでは、顔の印象がまるで違ってきます。

老け顔は口元からはじまるのです。

これを防ぐためにおすすめしているのが、「らおらお体操」です（次ページ参照）。とても簡単な体操ですから、隙間時間に思い出すたびにしてみてください。すでにシワができているという方も、諦めないで。続けることで、薄くなっていきますよ。

EXERCISE【1】

ほうれい線を防ぐ「らおらお体操」

顔にはいろいろな筋肉があります。口元の若々しさを保つ「口輪筋」、大笑いするときに使うのは「大頬骨筋」、微笑むときに使うのは「小頬骨筋」、ものを食べるときに使うのは「咬筋」です。これらの筋肉を同時に使うことは、ふだんはめったにありません。

「らおらお体操」は、これらの筋肉を同時に鍛える運動です。

顎を引き締め、ほうれい線やマリオネットラインを薄くする効果があります。車の中で信号待ちのときに、台所でお料理中に、など、隙間時間に続けてください。

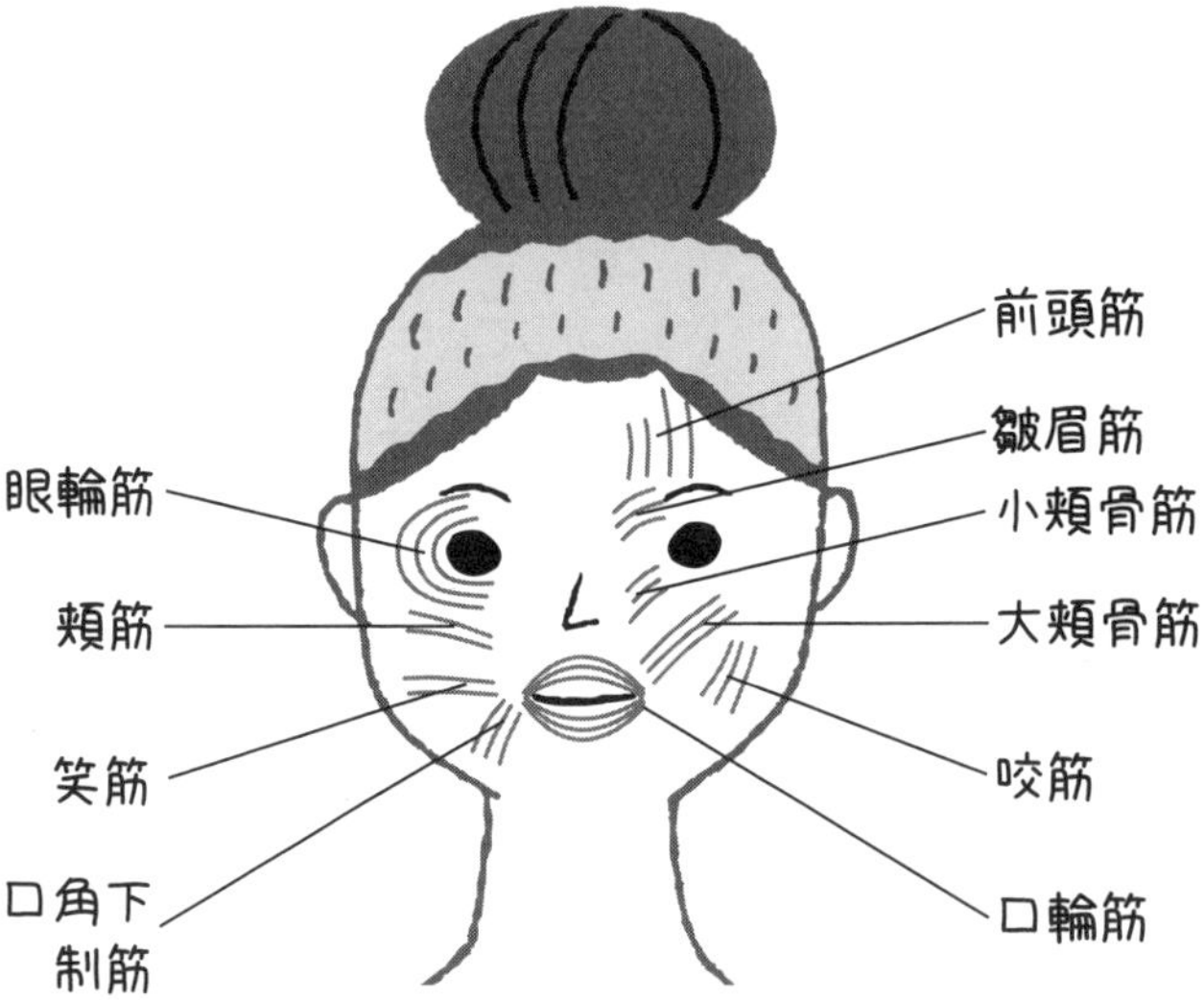

鏡を見ながら、「ら、お、ら、お」と言います。このときに、眉を動かさないことがポイント。「お」のときは、上下の前歯が2～3本見えるように口を少し突き出し、とがらせる感じで。「お」というよりは「ほ」に近い声がでるはずです。

1

2

14

日常を無駄にしない！　ながらエクササイズ

若さを保つためには、日頃のお手入れがとても大事です。毎日続けることが何より大事ですが、そのためには、簡単であることが第一ですよね。

簡単なお手入れ法については、あとで詳しく述べますが、その前に、日々の生活の中で、少し気をつけるだけで若さを保てる習慣を身につけましょう。

それは

①よく噛んで食べること

②よくしゃべること

③よく笑うこと

の3つ。なんだ、これだけ？　そう、これだけでいいのです。

よく噛むためには、口を動かさなければなりません。よくしゃべるということは、口もよく動きますよね。笑うと、顔中のいろいろな筋肉を使います。

そう、表情筋が鍛えられるのです。

表情筋を鍛えることで、リンパの流れが促進され、くすみが解消され、たるみ予防にもなります。

家にこもりがちで、あまり人と会わない、人と話す機会なんてあまりないという人は、積極的に外に出て、人と話す機会を持ちましょう。外に出て人と話をして、いっぱい笑うことは、心を若く保つうえでもとても効果的です。外に出るということで、おのずと服装に気を使ったり、メイクをしようという気にもなるでしょう。

身なりを整えてきれいになった自分を見ることも、あなたを元気にしてくれるはずです。

15

笑顔は幸せを呼ぶ魔法

目の前に二人の人がいて、一人は、にこにこと明るい笑顔。もう一人は口をへの字に曲げて不機嫌な顔。どちらが好印象ですか？　いうまでもなく笑顔の人のほうですよね。

女優の吉永小百合さんや八千草薫さんは、いつまでも美しいですが、そればかりでなく、人を包み込むような柔らかな優しい笑顔にほっとしませんか？

人は、優しい笑顔に癒されるのです。

40を過ぎたら、笑顔プラスほんわかとやわらかな、癒しのオーラも身にまといたいものですね。

ただ、そういう顔は、一朝一夕にできるものではありません。

じゃあどうしましょう！

とっても簡単な良い方法をご紹介します。それは、笑顔を癖にしてしまうのです。まず、朝起きたら、「おはよう」と自分ににっこりご挨拶します。低血圧でぼぉーとしていても不思議なことに、今日一日何かいいことが起こる気がしてきます。

そして寝る前に「今日も一日お疲れ様！　ありがとう」とにっこり！　そうすると、今日一日の反省や、やり残したことに整理がついて、明日もいい日になりそう！と思えてきます。

それから、これが一番大事なのですが、嫌なことがあっても、傷ついても、取りあえず、にっこり笑うこと。笑顔は自分をも癒してくれる最高の魔法なのです。

一日一日をいい笑顔で過ごすこと。その積み重ねが、背景の素敵な、だれからも好かれる癒し系の見た目美人を形作っていくのです。

口角の上がったチャーミングな笑顔をつくるには、41ページでも紹介したらおらお体操で、頬全体・お口の周りの筋肉を鍛えておくことも忘れずに。

16 よいお肌は「うなはだけ」

よいお肌の条件とは何でしょうか。

ヒントは「う」「な」「は」「だ」「け」です。

「う」は、うるおい、みずみずしさ。「な」は、滑らかさ。「は」は、張りがあること。「だ」は弾力があること。「け」は、血色がよいこと。

これらの頭文字をとると「うなはだけ」になるというわけ。

お肌は、表皮、真皮、皮下組織の3層からなっていて、皮膚の表面は、皮脂膜（天然クリーム）で覆われています。

皮脂膜は、皮脂腺から分泌される皮脂と、汗腺から分泌される汗とが混ざったものです。お肌の乾燥を防ぎ、ツヤとうるおいを保ってくれます。「しっとり肌」はここで決まります。

皮脂膜の下にある「表皮」は、肌を外部の刺激から守り、うるおいを保っています。「お肌の若々しさの第一印象」はここで決まります。透明感のある若々しいお肌は、表皮が整っているかどうかにかかっているのです。

表皮は、一番内側から「基底層」「有棘層」「顆粒層」と徐々に変化し、最後は皮膚の一番外側にある「角質層」となります。「角質層」は一定の期間留まったあとにアカとなってはがれ落ちます。

皮膚は生まれてはがれ落ちるまで、約一カ月のサイクルで再生されていて、これを「ターンオーバー」と呼びます。残念ながら、ターンオーバーのサイクルは年齢とともに長くなり、古い細胞がいつまでも肌の表面に留まるようになります。それがシミやシワなどのお肌の老化の原因となります。

表皮の下にあるのが、「真皮」。真皮は、肌の弾力や張りを保ち、毛細血管によって

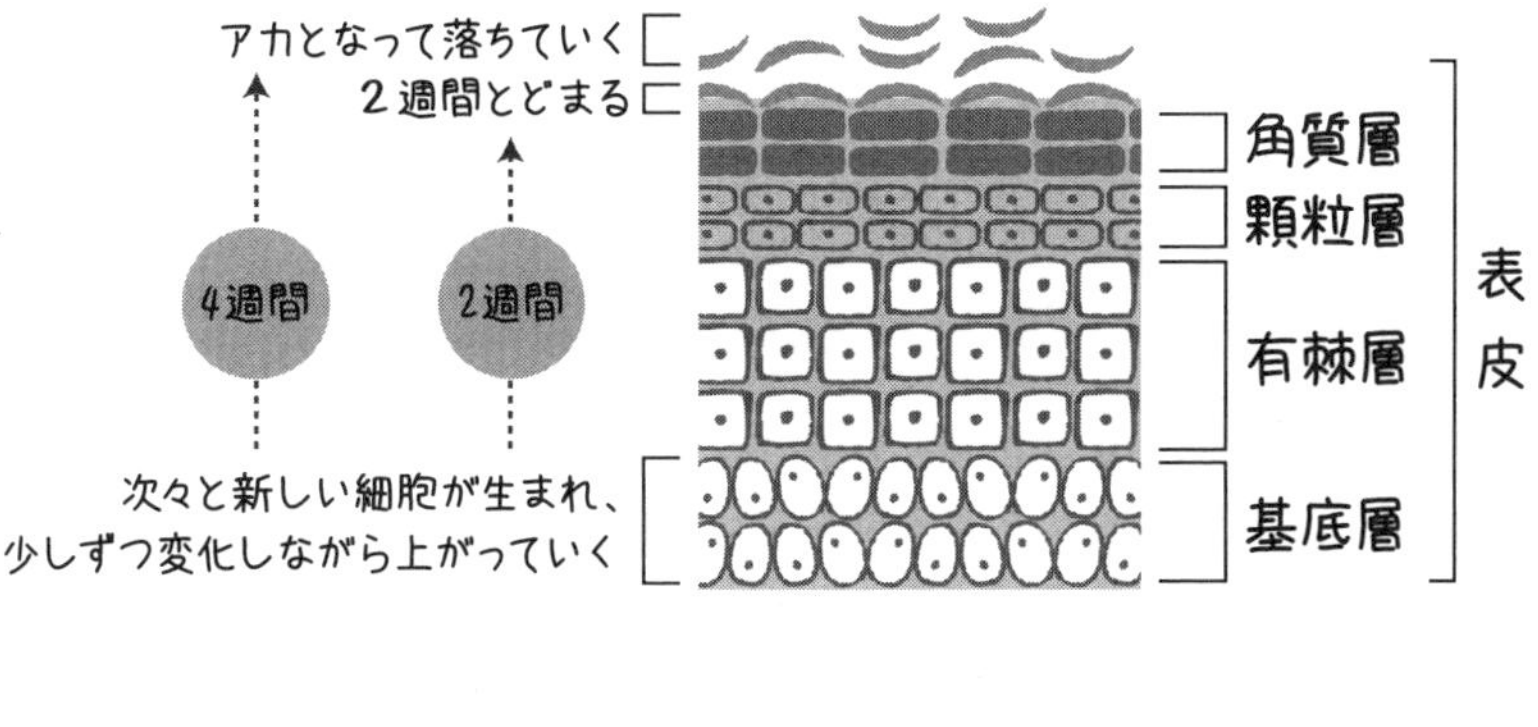

栄養と酸素を肌に届ける役割があります。

主成分はコラーゲンで、真皮の中で網目状のネットワークを作り肌の弾力を保っています。コラーゲンを支えているのがゴムのような弾力を持つ線維のエラスチンで、肌の張りを保っています。

また、皮下組織は表皮と真皮を支え、保温やクッションの役割を担っているほか動脈と静脈が走っていて栄養分や老廃物の受け渡しという重要な働きもしているのです。

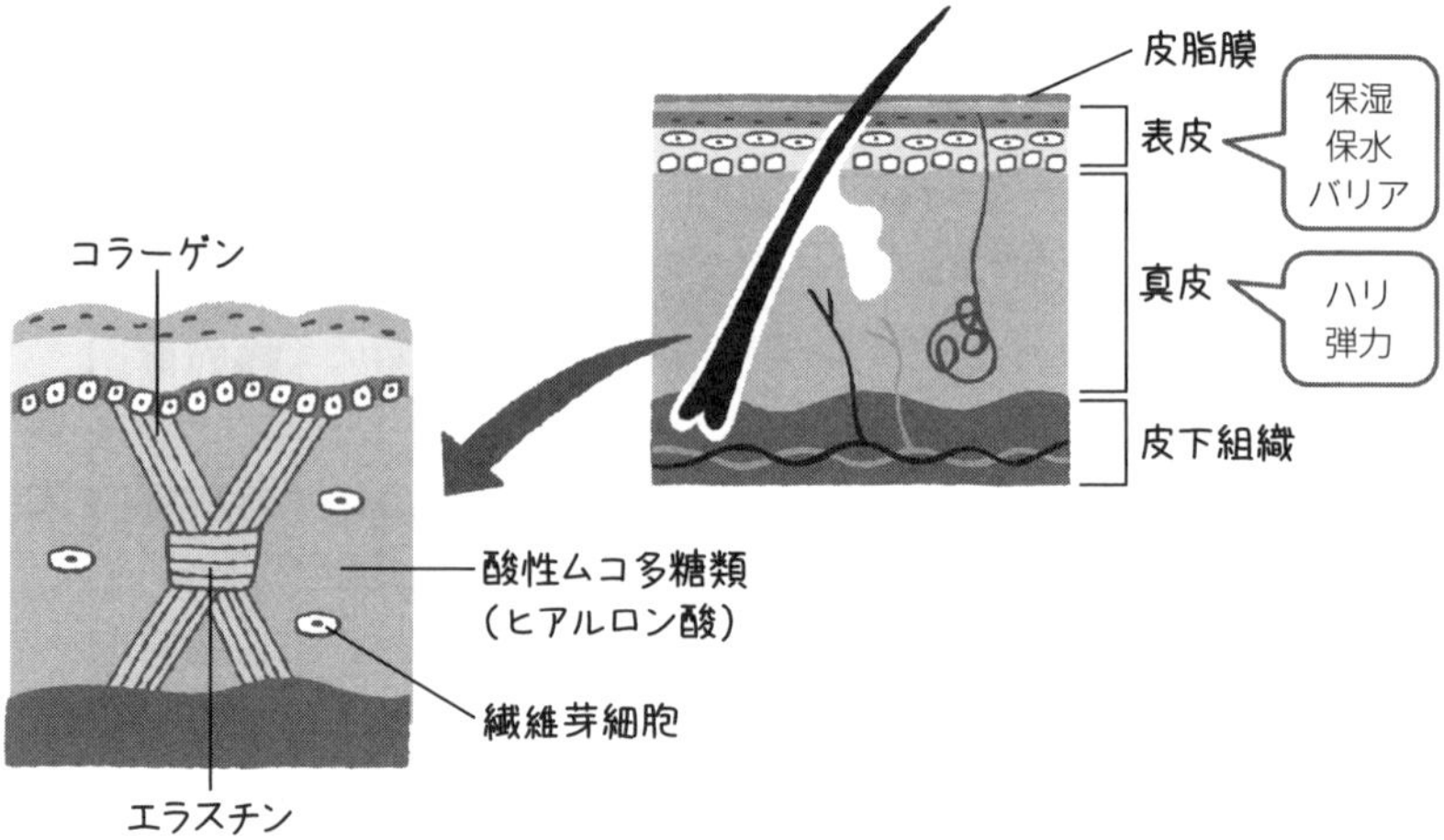

Column

メイクでみんなを元気にしたい！

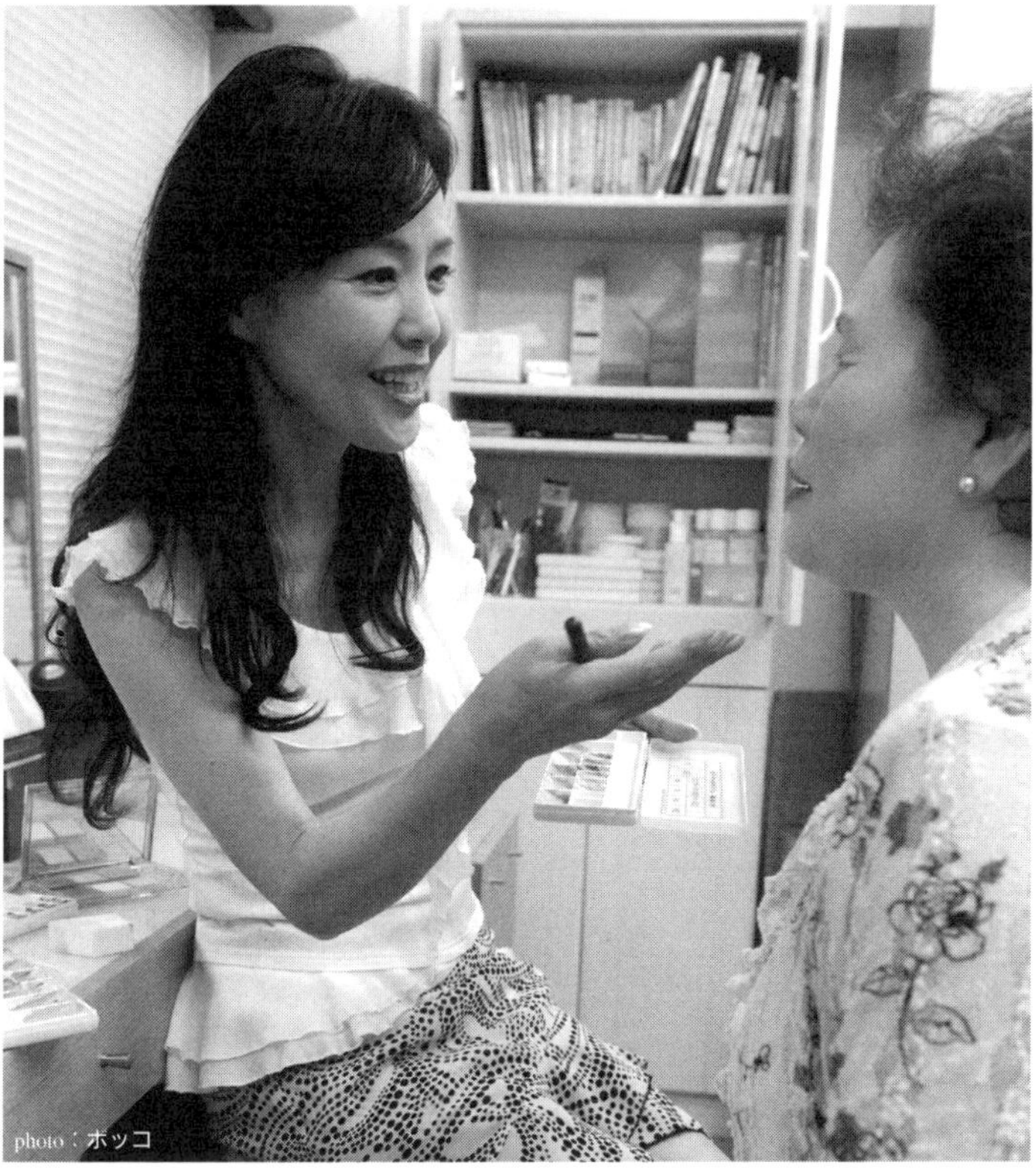

photo：ホッコ

メイクによるボランティア活動を始めたのが11年前。メイクには、自己肯定感を高めたり、心身機能の活性化にも効果が期待できることが、実験的にも臨床的にもわかってきています。闘病や皮膚のトラブルなどで、外に出ていく勇気をなくしている人、喜びや希望を感じられなくなった人に、メイクを通して自信や希望、生命力を取り戻してほしいという思いで活動しています。

17

明日につながる3分スキンケア「トゥモローマッサージ」

お肌の若さを保つためには、スキンケアは欠かせません。

毎日の洗顔や基礎化粧品を使ったお手入れはもちろんですが、それだけでは足りません。重力によるたるみ防止には、マッサージは不可欠です。

でも、決して無理をしない、がスローエイジングのルールです。

なぜなら、やり過ぎは逆効果ですから……。

ここからは、短時間で簡単にできるお肌のお手入れをご紹介しましょう。

私はこれを、明日の美しさにつながるという意味を込めて「トゥモローマッサージ」と名付けています。一日わずか3分、本当に簡単ですから必ず毎日続けてくださいね。

月1回のエステはご褒美!

それよりも1日数分のマッサージを欠かさず続けるほうが、お肌にはとても大事です。

スキンケアは食事と同じです。毎日のバランスのとれた食事が、積もり積もって健康なからだを作ってくれます。豪華なごちそうはたまに食べるからおいしいのです。

基本は毎日のスキンケア。これを忘れないようにしましょう。

一日3分の「トゥモローマッサージ」を続けられたら、1年後には、マイナス10歳のあなたを得られているはずです。

トゥモローマッサージは朝、洗顔後、メイク前にも施術して下さいね。

マッサージをすることで、滞っていたリンパが流れ、むくみが解消されます。

そして、血行がよくなることで化粧崩れを防ぎメイクのもちがよくなります。

18 リンパについて知っておきましょう

スキンケアの前に、リンパのことをお話ししましょう。
「リンパ」とか「リンパマッサージ」という言葉を一度は耳にしたことがあると思います。言葉は知っているけど、リンパってよくわからないわ、という方のために簡単に整理しておきましょう。

リンパとは、私たちの体を満たしている体液のこと。人の体の中には血管のほかにリンパ管が全身にひろがっていて、細菌や異物が体内に入り込むのを防いだり、血液が運びきれなかった老廃物を運んで排出するといった働きをしています。リンパ管にはところどころにリンパ節と呼ばれる中継点があり、これらを総称してリンパ系といいます。

リンパの流れが滞ると、老廃物がきちんと排出されなくなり、体がむくんだり、疲れがとれないなど、体に不調をきたすようになり、お肌のくすみやたるみのもとにもなります。ですから、メイクやマッサージをする前に、きちんとリンパを流してあげることが大事なのです。

リンパは筋肉の上にあり、筋肉を動かすことで流れます。血液は、心臓というポンプがあるので勢いよく流れますが、リンパ液にはそれがありません。ですから、マッサージをして筋肉を動かし、リンパを流してあげるのです。

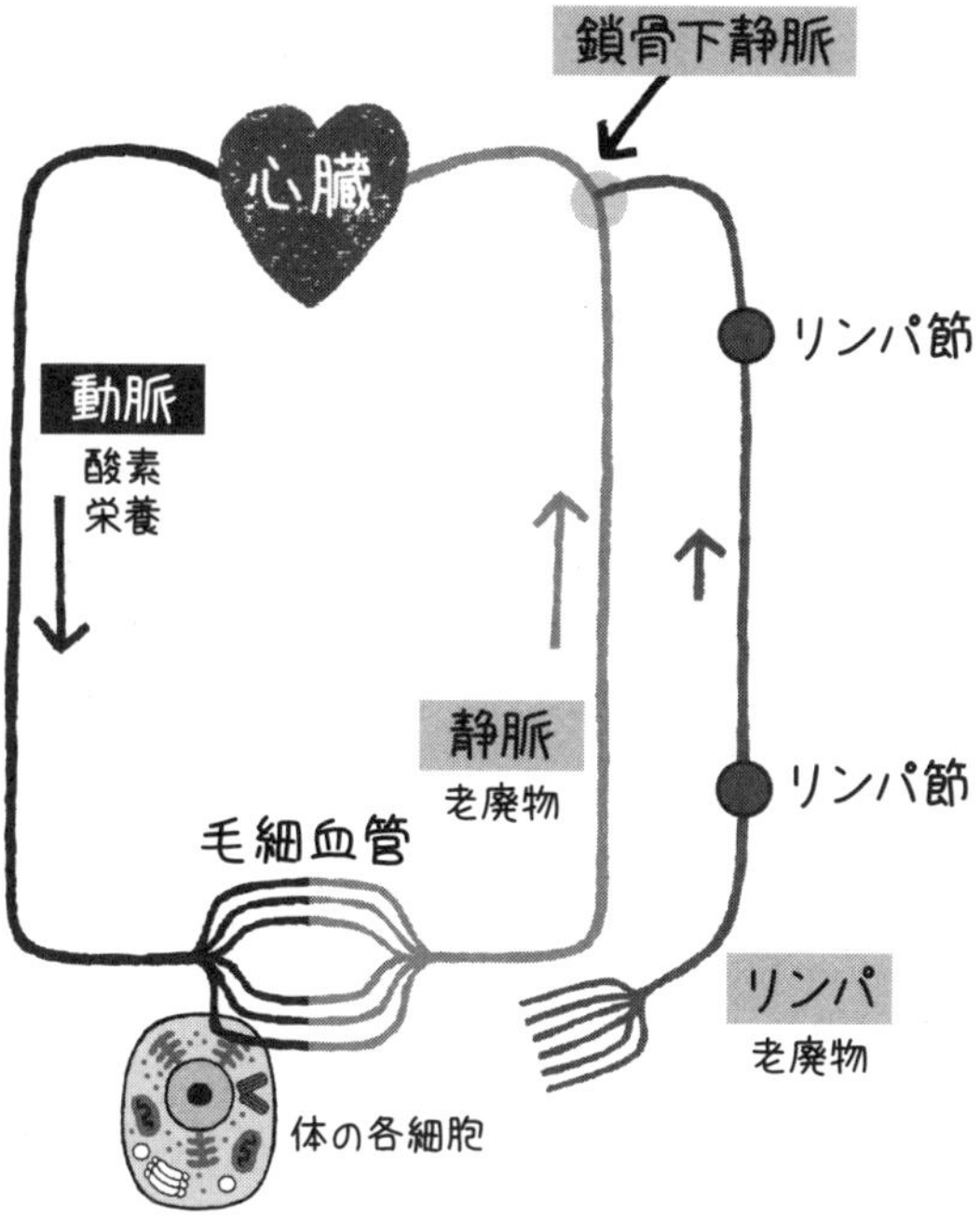

EXERCISE【2】

リンパマッサージで小顔美人

顔のお手入れをするまえに、リンパ節をほぐして、リンパの流れをよくしておきましょう。

ポイントは鎖骨です。全身を流れるほとんどのリンパ液が左鎖骨のリンパ節で鎖骨下静脈と合流し、心臓に戻ります。ここが滞っていると、老廃物がうまく排出されません。リンパ液がスムーズに流れ、静脈から心臓に戻ることで顔のむくみがとれ、引き締まった小顔になります。

簡単なリンパマッサージで、リンパの流れを整えてから、フェイシャルマッサージ→メイクへと進むと、お化粧ののりもぐっとよく

なります。

鎖骨下のリンパマッサージ

1 右手の人差し指と中指で、左側の鎖骨の上下を挟むようにして左右に動かし、優しくほぐします。

2 左手で、右鎖骨も同様に。

3 右手で首の左側を上から下に優しくなぞり、首すじ↓肩↓左の鎖骨へ流します。

4 1をもう一度繰り返します。

5 左手で首の右側を上から下に優しくなぞるように左の鎖骨へ流します。

6 2をもう一度繰り返します。

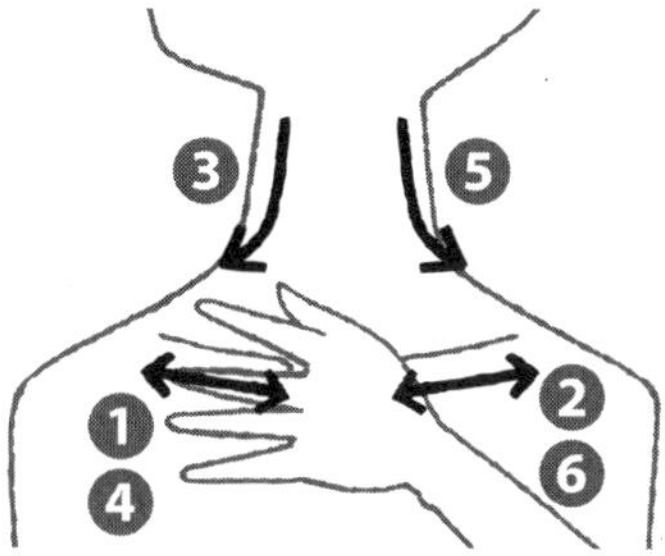

19

フェイシャルマッサージもリンパの流れを意識して

鎖骨のリンパ節がほぐれたら、トゥモローマッサージに入ります。

マッサージは、やみくもにお肌を刺激すればいいのではありません。顔にもリンパ液が流れていますから、リンパの流れ（左図の矢印）と顔の筋肉に沿って、優しく指をうごかします。すべりを良くするために、マッサージクリームを使います。力まかせにごしごしと顔をこすらないように。過度の刺激は逆効果です。

顔のことばかり気にして忘れがちなのが顎から首すじ。ここは、もっとも年齢が出やすい場所ですから要注意。

首から鎖骨まで、つまりデコルテまでが女性の顔と心得ましょう。

顔と同じようにきちんとケアをしてあげることで、女の品格があがります。

リンパは、筋肉に沿って、筋肉の上を流れています。

※顔の筋肉の位置は P40 を参照

EXERCISE【3】

リフトアップ&小顔美人のためのトゥモローマッサージ

1 フェイスライン

左手の人差し指と中指であごのラインを挟むようにして、あごの下から右の耳の下へと指を滑らせます。首筋を通って右の鎖骨のリンパ節まで流します。これを10回繰り返します。左右を変えて同様に。

人差し指と中指であごのラインをはさむようにして

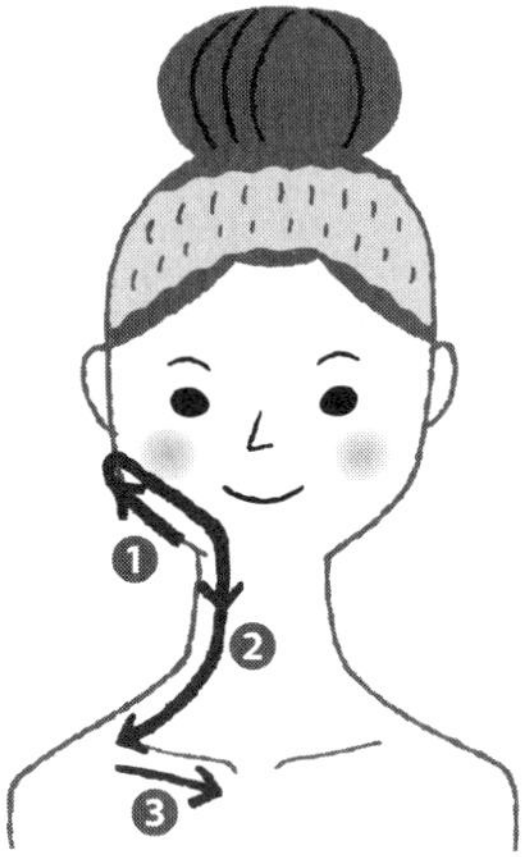

2 口角

左手の人差し指と中指で、右側の口角をはさむようにして、右耳の横（口を開けたときに凹むところ）までななめに指をすべらせます。耳の下↓首筋を通って右の鎖骨のリンパ節まで流します。これを10回繰り返します。左右を変えて同様に。

人差し指と中指で口角をはさむようにして

3 頬

左手の人差し指の腹を右側の小鼻の横にあてます。指の腹全体を使って、小鼻からこめかみまで指を滑らせます。耳の下↓首筋を通って右の鎖骨のリンパ節まで流します。これを10回繰り返します。左右を変えて同様に。

指の腹全体を使って
小鼻からこめかみへ

4 鼻↓眉間↓額

両手を軽く握って、親指の第一関節で、小鼻の横をグーリグリと押して刺激します❶。↓小鼻↓鼻横↓眉間まで老廃物を押し上げるように流します。両手の人差し指、中指で、眉間部分をクルクル回しながら上下に縦ジワを消すようにマッサージ❷。↓眉間の上から額の生え際に向かって縦に円をかく感じで額全体をこめかみまでマッサージ。❸耳の下↓首筋を通って鎖骨のリンパ節まで流します❹❺。これを3回繰り返します。

親指の関節で小鼻の横をグーリグリ

眉間の縦ジワを消すつもりで

5 まぶた

人差し指と中指で、眉頭を2、3回押して刺激します。まぶたの上を、2本の指の腹で眉をはさむように、目頭から目尻へ2、3回往復します❶❷。目尻からこめかみまで滑らせ2、3回刺激し❸、耳の横を通って耳の下↓首筋を通って鎖骨のリンパ節まで流します❹❺。

6 口元

人差し指と中指、薬指の先を使ってマッサージします。唇の中央下からスタートして、唇の周囲を下から上へ上から下へ数回往復します❶❷。顎の下からフェ

イスラインに添って耳の下まで指をすべらせ❸、耳の下→首筋を通って鎖骨のリンパ節まで流します❹❺。これを3回繰り返します。左右を変えて同様に。

7 **目の下**

次はまぶたの下です。目の下は、皮膚が薄く、デリケートゾーン。決してこすってはいけません。目頭から目尻へと、老廃物を誘導する気持ちで軽く指先でパッティングします❶。目尻からこめかみ、耳の横を通って耳の下→首筋を通って鎖骨のリンパ節まで流します❷❸。

目の下は指先で軽く
パッティング

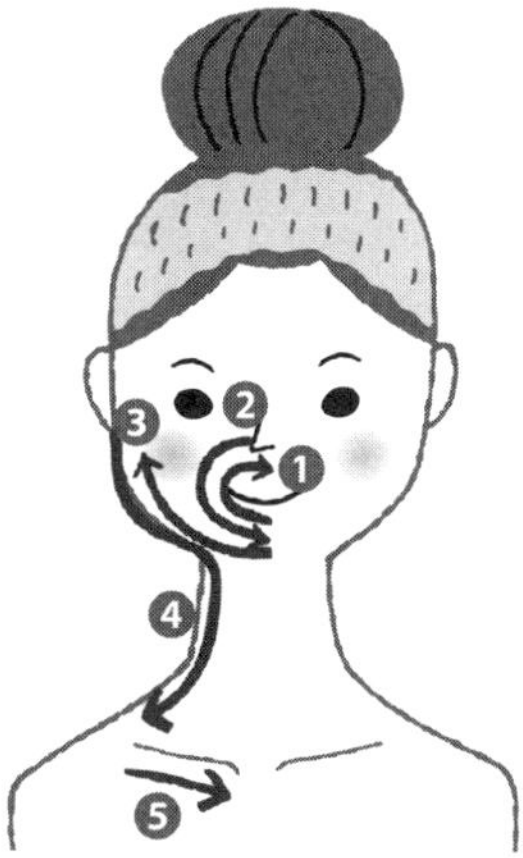

指の先を使って口輪筋
をマッサージ

20

トゥモローマッサージは、美容に効くツボを網羅している

マッサージをするときは、顔にあるツボを通るようにするとより効果的です。

顔にはどんなツボがあるのかを示したのが下の図です。

トゥモローマッサージは、これらのツボをすべて通るように考えたマッサージです。

ツボの位置はわかりにくいと思いますが、指で押してみて、気持ちいいと思うところを目安に探してください。

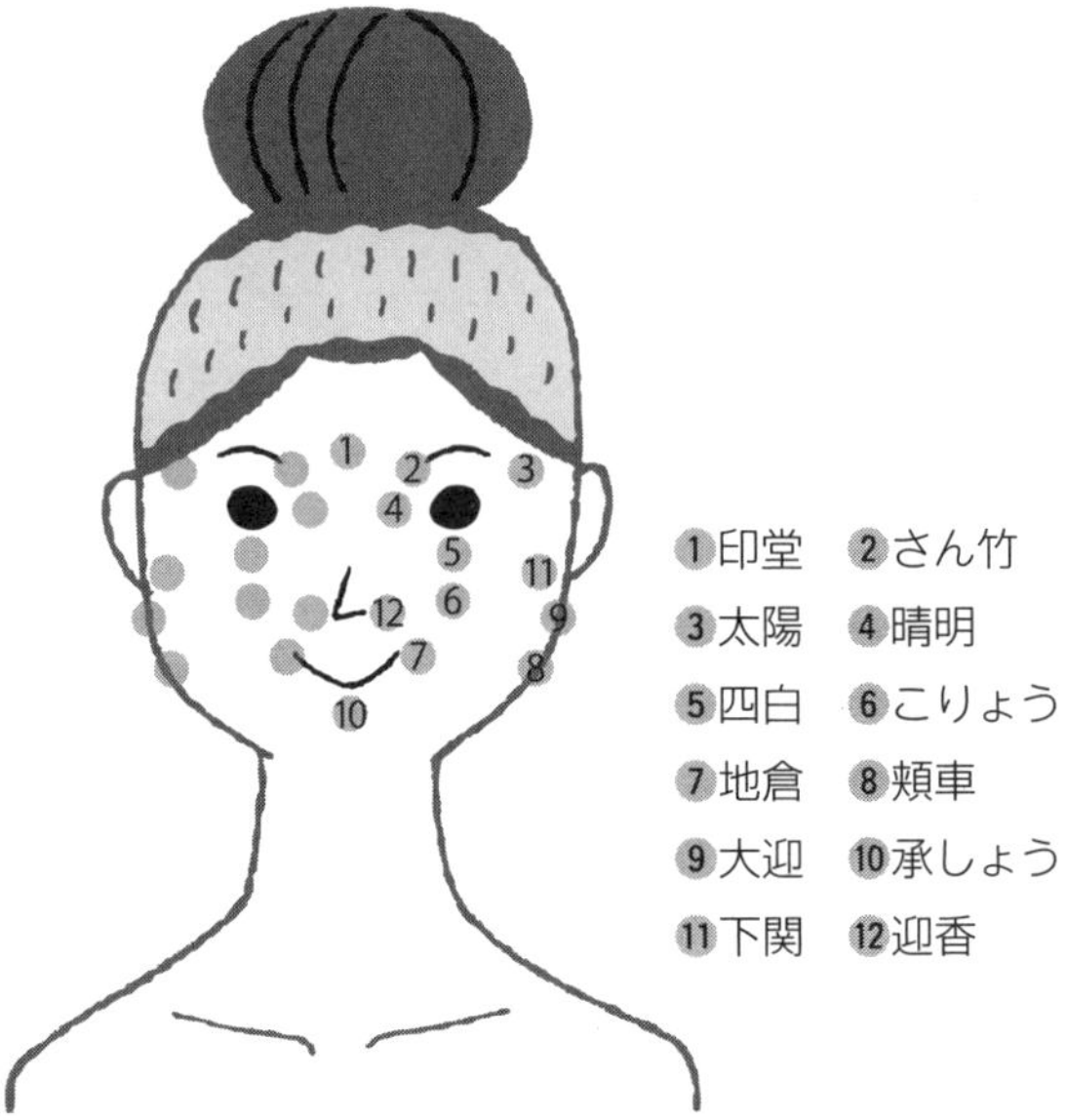

	名称	場所	効果
1	印堂	眉間	眉間のしわ・たるみに効くツボ
2	さん竹	眉頭の内側のくぼみ	頭部のたるみに効果あり
3	太陽	こめかみ	まぶたや目の周りのむくみ解消し、老眼の視力回復に効果あり
4	晴明	目頭	お肌にハリを出し、目元の小ジワを改善
5	四白	目の下	美白効果がありむくみを取り、目の下のクマを改善
6	こりょう	四白の下	口や目のゆがみを整える
7	地倉	口の両脇	ほうれい線、乾燥予防、また、ダイエットに効く
8	頬車	あごの骨の曲がり角と耳たぶの間	フェイスラインを改善
9	大迎	口を開けるとくぼむところ	頬やあごのたるみを引き締め二重あごを解消
10	承しょう	下唇のくぼみの下	口元のタルミ・肌荒れを防ぎ、むくみをとり小顔にする
11	下関	口を開いたときに動いて盛り上がる骨の部分	若返りのツボ
12	迎香	小鼻の両脇にある、少し凹んだくぼみ	オールマイティーのエイジングケア美肌ツボ

21

スキンケアの基本は洗顔から

一日の仕上げはメイク落としから。クレンジングクリームでメイクをていねいに落としましょう。パシャパシャっと洗っておしまい！　ではなく、心をこめて行います。

洗顔のポイントをまとめておきましょう。

POINT 1　洗顔フォームは必ず泡立てて！

洗顔フォームを泡立てて、顔と掌との間に洗顔フォームの泡が常にある状態で、そっと手をうごかします。

泡の力で皮脂や汚れを浮き立たせ、泡に包みこんで転がすように洗い落とします。

洗顔は
下から上へ
洗う
ゴシゴシ
こすらず
泡の力で
汚れを落とす

POINT 2 泡立ては、なるべく泡立てネットを使わないで！

泡立てネットではなく、手で作った泡は、大小さまざまな大きさになります。お肌のキメは一律ではないので、小さなキメには小さな泡で、大きなキメには大きな泡で、洗い残しがないように洗えるのです。

POINT 3 手でごしごしこすってはいけません！

乱暴な洗顔による摩擦は、

- メラノサイトが活性化しメラニンを生成して皮膚が黒くなる。シミの原因になる。
- 角質が剥がれやすくなって敏感肌・乾燥肌になる。
- 毛穴がつまり、吹き出物やニキビの原因になる。
- キメが荒れ、皮膚が老化する。

などなど、お肌に大きな負担をかけてしまいます。

1日2回洗顔するとして、1年で730回も洗顔していることになります。「ちりも積もれば山となる」と言いますが、毎回の乱暴な洗顔はお肌に取り返しのつかないダメージを与えてしまいます。

POINT 4 洗顔前に毛穴を開いておきましょう！

毛穴の汚れが、浮きやすくなり、汚れがきれいに落とせます。

夜は湯船にゆっくり浸かって身体を暖めたら、シャンプーを先にします。そうすることで毛穴が開きます。

朝、お風呂に入らない場合は、蒸しタオルで暖めてあげましょう。蒸しタオルは、水で濡らしてゆるく絞ったフェイスタオルをレンジで30秒くらい温めると簡単にできます。2、3回繰り返すと血行がよくなり、朝のマッサージ効果が倍増します。メイクののりもよくなります。

POINT 5 「すすぎ」は必ずぬるま湯で！

「すすぎ」には必ずぬるま湯を使います。

高温で洗顔すると、

● 乾燥肌の場合：肌に必要なうるおいや成分まで洗い流してしまうことになるため肌がつっぱったりカサカサになったりします。

●オイリー肌の場合：失った油分を補充しようと、余計に皮脂を分泌するように。
低温で洗顔すると、

●余分な汚れや皮脂が残ってしまい、大人にきびやかゆみなど肌トラブルの原因になります。

POINT 6 「すすぎ」は必ず流水で！

洗顔料は、流水でていねいにすすぎましょう。洗顔料がお肌に残ると、大人ニキビなど肌トラブルの原因になります。

①生え際、②眉毛　③眉間、④まつげ、⑤小鼻、⑥鼻唇溝、⑦口の下、⑧口角の順に、ていねいに、しっかりすすぎます。顔の凹部分は特に念入りに！　このとき、シャワーで直接上から下にザァーと流すのはNG。毎日続けることでたるみを促進させてしまいます。

洗顔が終わったら、さあ、マッサージ。（P58〜63参照）

マッサージ後は、しっかり保湿。夜の場合はこれでお手入れ完了。朝は、このあとにUVケア、メイクをして完了です。

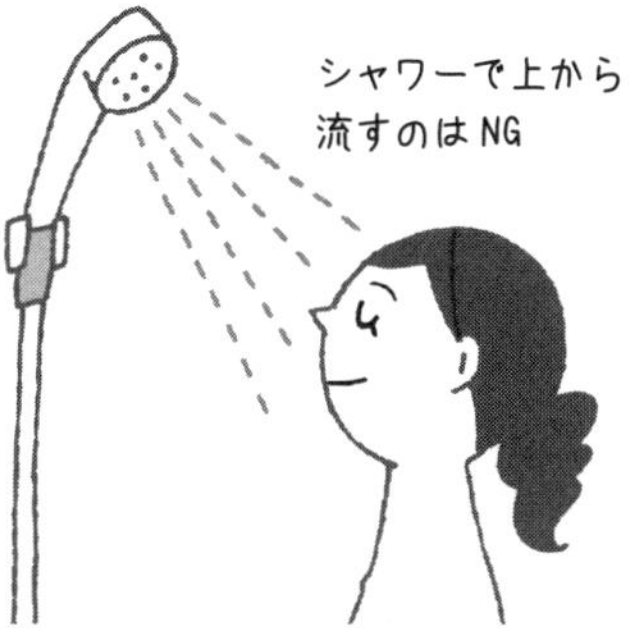

22 若々しいメイクのポイントは「まぶた」と「唇」

若い頃によく使っていた口紅やアイシャドーを未だに使っているという人は要注意です。「くすみ」という厄介な症状が、発色を邪魔してしまうからです。

たとえばブルーのアイシャドーを塗って30分もすると、まぶたのくすみがブルーの下から顔を出しグレーに変色してしまうのです。若い頃は、涼しげで爽やかなイメージに演出してくれたブルーのアイシャドーは、疲れた顔のイメージをつくってしまいます。

年齢を重ねると「唇」も変化します。歯ぐきが痩せて、鼻の下が平たんになり上唇が薄くなってきます。これが、鼻の下の縦ジワの原因です。また、口角が下がって唇の輪郭がぼけてきます。口元に締まりがなく見えますし、薄い唇は冷たい印象を与えます。

まず、リップラインで唇の輪郭を整えましょう。上唇はややオーバー気味にふっくらと。そして明るめのリップグロスで艶のある若々しい唇を演出してください。

シミをカバーしようとして、厚めにファンデーションを塗ると、老けた印象になってしまいます。またパウダーは軽くたたく程度のほうが、乾燥感がないつや肌の若々しい印象になります。

長年のビューラーの使い過ぎなどで、まつ毛が抜けたり薄くなったりして、目のまわりの印象もぼやけてきます。アイラインやマスカラで目の輪郭をくっきりと際立たせましょう。

マスカラがパンダになるから苦手という方は、まつ毛パーマやエクステもおすすめです。目の輪郭がはっきりすると目じりが上がって見え、頬のタルミもカバーできます。

くれぐれもアイラインは濃すぎないように。あまり太く書くと目の下のクマが目立ち、怖いイメージになってしまいます。

23

声も老化する！　若声キープケア

久しぶりに会った知人と話をしているときや、久しぶりに電話で話したときに「あれ？　ちょっと声が老けたかな？」と思うことはありませんか？

同様に、もしかしたらあなたの声も「老けた」と思われているかも知れません。シミやシワ、足腰といった、体で感じたり、見た目でわかる老化現象はすぐに気づきますが、見た目ではわからない、自分でもなかなか認識できないうちに老化が進んでしまうのが「声」です。

もちろん個人差はありますが、「声」もお肌や体と同じように年齢とともに老化するのです。

普段ほとんど聞くことがない自分の声。どのような声を発しているのかなんて、あまり気にもとめていませんよね。

すでに述べたメラビアンの法則によると、人の第一印象は55パーセントが視覚情報で、38パーセントが聴覚情報で判断されます。

見過ごしがちですが、声が相手に与える印象は、とても大事なポイントとなるわけです。

ではなぜ声が老化するのでしょうか。

正確には声が老けるわけではありません。声を作る筋肉である、「声帯」が老化し、萎縮してしまい、その結果、老けた声しか出せなくなる、ということです

つまり声帯は筋肉ですから、足腰と同じように衰えるということです。

声が出にくい、音程が変化する、かすれる　大きな声が出ない。それこそが声の老化現象です。女性は低く、男性は高くなるのが一般的だそうです。

実は私も、55歳を過ぎた頃、声の衰えに気づき愕然とした一人です。

妹から、「ちょっと、これ聞いてみて！」と携帯を渡されました。そこには留守電に入れておいた私のメッセージが保存されていました。

意味がわからず取りあえず再生してみてびっくり！　やや高音で細くかわいらしい（笑）声だったのに、低めのやや太い声に変わってしまっていたのです。

それから私の「若声キープケア」が始まりました。それを次ページで紹介します。

EXERCISE【4】

若声キープケア

ほかのエクササイズと同様、隙間時間を利用して若声キープのためのエクササイズをしましょう。

① 仰向けになりおなかに手を当てて腹式呼吸をします。

② 腹式呼吸を続けながら発声します。

ゆっくり、できるだけ大きな声で

「あ　え　い　う　え　お　あ　お　あ　い　う　え　お――」

「か　け　き　く　け　こ　か　こ　か　き　く　け　こ――」

を「わ」行まで。

最後の「お」「こ」はロングトーンでお腹が凹むまでのばします。

12、3秒続けられたら最高！

声は使わなければどんどん衰えて老化します。声の老化予防には、積極的に声を出すことが一番です。

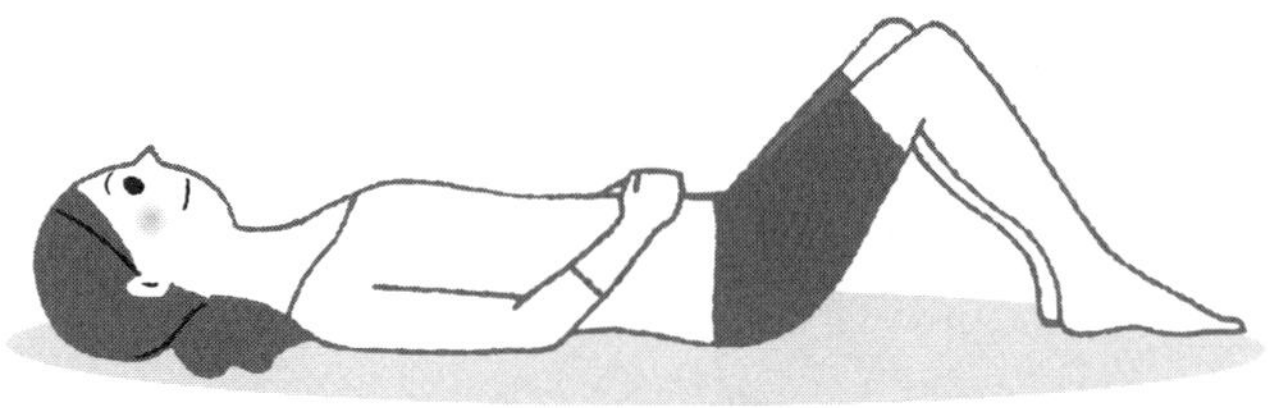

家に閉じこもり、気がつけば一日誰とも口をきかなかったなんてことがないように。精神面にも声のためにも、人とのコミュニケーションはとっても重要です。

もう一つ大事なポイントがあります。それは表情豊かに話すことです。

表情筋の老化を予防することは、口まわりの動きをなめらかにし、滑舌が悪くなるのを防ぐ効果もあります。

滑舌がいいと、張りのあるのびやかな声が出て、話も聞きとりやすくそれだけで若々しい印象になります。

顔の筋肉をやわらかくしておきましょう。お顔のたるみ防止にも効果がありますよ。

個人差はありますが、同じ年齢でも見た目が若い人と、すっかり老けこんで見える人がいるように、「声」もいつまでも若々しい人もいれば、年の割に老けた声の人がいます。どうせなら、イキイキと若々しい声の方が「やる気・元気」が出てきますよね。

さあ、今日から、「若声キープケア」を始めましょう！

24 したい髪型と似合う髪形は違う

20代30代のころとヘアスタイルが同じまま、ということはありませんか？　年を重ねると、若いころは似合っていたものが似合わなくなることってよくあります。ヘアスタイルもそう。人の第一印象の中で、ヘアスタイルの占めるウエートは思いのほか大きいもの。服やメイクと同じくらい気を使いたいものです。

美容師さんに「いつもと同じ感じで」なんて言い続けているうちに、ヘアスタイルだけ浮いているなんてことにならないように。

美容室に行って鏡の前に座ると、「どのようにされますか？」とヘアーカタログを見せてくれます。最近は顔型に似合う髪形のカタログをよく目にしますし、その選択方法はごく当たり前になってきています。

自分は若い頃丸顔だったから、多少歳はとったけど、今でも丸顔だわ、と思っていませんか？　実はこの間違った認識が、ヘアスタイル選択失敗の一番の原因なんです。

若いとき丸顔でも、頬がたるみフェイスラインが崩れてしまえば面長になるし、そこにお肉がつけば立派なベース型になります。逆にげっそり痩せて頬の肉が落ちてしまったら、逆三角形になってしまいます。

いくつになっても、流行のテイストを取り入れつつ、今の自分の輪郭に一番似合うスタイルを探しましょう。

そういう私も実は、最近ヘアスタイルを少し変えました。

以前は、ストレートのロングヘアで、毛先だけちょっとカールさせるスタイルでした。でも、50歳の半ばごろになったとき、急にそのスタイルがしっくりこない気がしてきたのです。

もともと天然パーマなのを伸ばしてストレートにしていたのですが、今は天然パーマのまま、髪をカールさせています。顔まわりが華やかになった気がしますし、ふんわりと優しい感じがして気に入っています。

Column

ストレートロングヘア54歳限界説

私は密かに、「ストレートロングヘア54歳限界説」を唱えているのですが、50代後半を過ぎて、ストレートのロングヘアがスッキリ似合う人にはなかなかお目にかかりません。フェイスラインが崩れてきたり、頬や目のまわりがくぼみ、影ができてくると、ストレートのロングヘアは淋しい、陰気なイメージを醸し出してしまうようです（ただし、ストレートロングヘアでも、優しく後ろに束ねたり、柔らかくアップすることで、すっきりと清潔で、凛としたイメージになります）。

かつてはロングヘアーが自慢だった人も、いつまでも「きれいだった若い頃の自分」にすがるのはやめましょう。今のあなたに似合うヘアスタイルがきっとあるはずです。

若い頃のままでいようとすることは、今の自分にふたをしているのと同じこと。今の自分を認めなければ、次のキレイには出合えないのです。

健康美人編

明日につながる簡単ヘルスケア

25

いつでもどこでもながら体操

いくら見た目が美しくても、健康でなければ、人生を楽しむことができません。毎日が楽しくなければ、表情も暗くなり、美しさも消えてしまうでしょう。外見の美しさと心、体は密接につながっているのです。

健康な体づくりといえば何を思い浮かべますか？　ジムに通ったり、サプリメントで栄養補給をしたり、ダイエットをしたり？

お金もかかりますし大変そう。

半身浴やウォーキングならお金はかからないかもしれないけれど、私は30分も歩いたり、半身浴をするくらいなら、なにか別の楽しいことをしたいと思うほう。

スローエイジングは無理をしないのが原則。簡単に無理なく続けられる方法を考えましょう。

ここでも、見た目美人編と同様、日常を無駄にしない、「ながら」エクササイズをお勧めします。

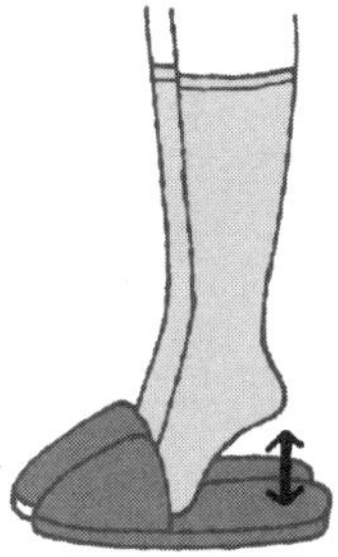

たとえば、台所でお料理している間は爪先立ち。時々かかとを上下して足の筋肉を鍛えます。床に落ちたものを拾うときは、膝を伸ばしたまま体だけ前に曲げて、膝の後ろのすじを伸ばします。お鍋が煮えるまで、スクワットをしてもいいでしょう。

両手の肘を曲げて、腕を後ろから前、前から後ろへと大きくぐるぐる回すことで胸筋が鍛えられます。

ほかにもまだまだあります。ちょっとした隙間時間にできることを皆さんも考えて、実践してみてください。

EXERCISE【5】

朝のお目覚めストレッチ①

朝、スッキリ目覚めるための簡単なエクササイズを紹介しましょう。

ベッドの上で、パジャマのままでき、ほんの2、3分の簡単なものですが、寝ている間に固まってしまった筋や筋肉をほぐすことで、血行がよくなり、寝起きが良くない人もすっきりと頭が冴えてくるはずです。

新陳代謝も良くなるのでダイエット効果も期待できます。

1 ベッドの上で仰向けに寝たまま、両足を少し開く。息を大きく吸いながら両手とつま先を上下に思いきり伸ばし、息を吐きながら戻す。

4

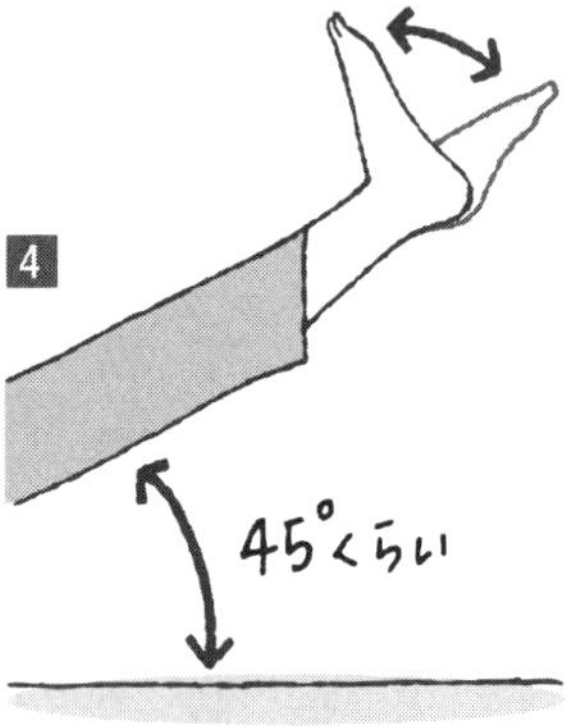

5秒ずつアキレス腱の曲げ伸ばし

2

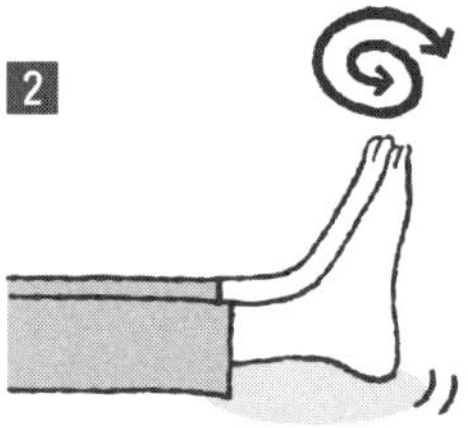

両足をそろえて
左右2回ずつぐるぐる回す

2 両足を揃えたまま、足首をゆっくり大きくぐるりとまわす。左右2回。

3 右つま先を頭に向けふくらはぎ（アキレス腱）を伸ばし、5秒停止。つま先を反対に足先に向けて足の甲を伸ばす。これを3回繰り返す（左足も）。

4 右足を45度くらい上げ、その状態で**3**と同じ動作を3回繰り返す（左足も）。

5 右足を45度上げ、クロスするように左足の上に移動。その状態で**3**と同じ動作を3回繰り返す（左足も）。右足の横筋—腰の横筋—横腹を伸ばす体操です。

6 両足を肩幅まで開き、左右の親指をつける。そのとき、膝から上を内側にねじるように。ゆっくり息を吸って吐く。

できれば、親指をつけたまま30度上げる。骨盤矯正に効果あり。

5 左右の足をクロスさせて

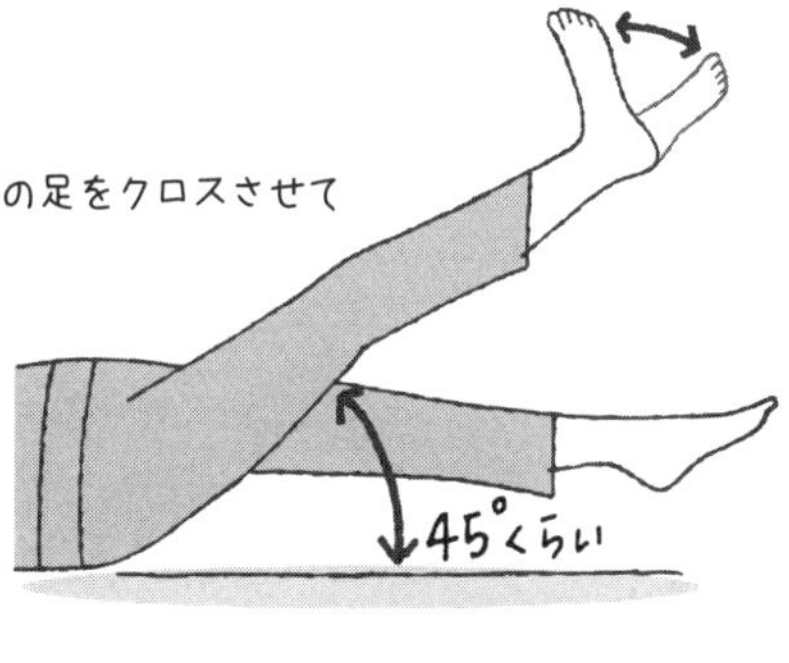

6 左右の親指をくっつける

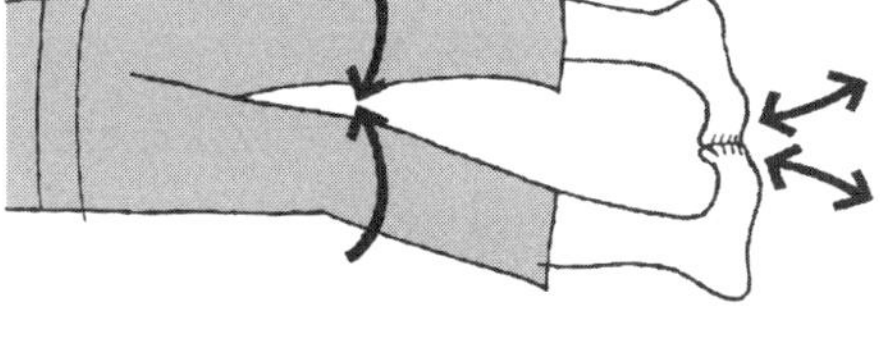

7 右足を両手で抱え胸に引き寄せ、足の力を抜いて膝から下をばたばたさせる。左手で膝の外側を押さえ、腰が浮かないように右手で軽く右側の腰を押さえ左にねじり、息を吐き切る（左も同じ）。

8 うつ伏せになり、膝を曲げ、頬杖をつき、足と頭がつくように（つかなくても大丈夫）上体を反らす。
足を下ろし、ゆっくり両手を肩の位置で広く立て、息を吐きながら頭を後ろに反らす。

9 足を伸ばしてすわり、前屈しながら両手で足先をつかみ前かがみになる。

10 あぐらをかくように膝を曲げ、両足の裏を合わせて両足をつかんだまま前屈。内腿の筋のばし、股関節を柔らかくする

7–i

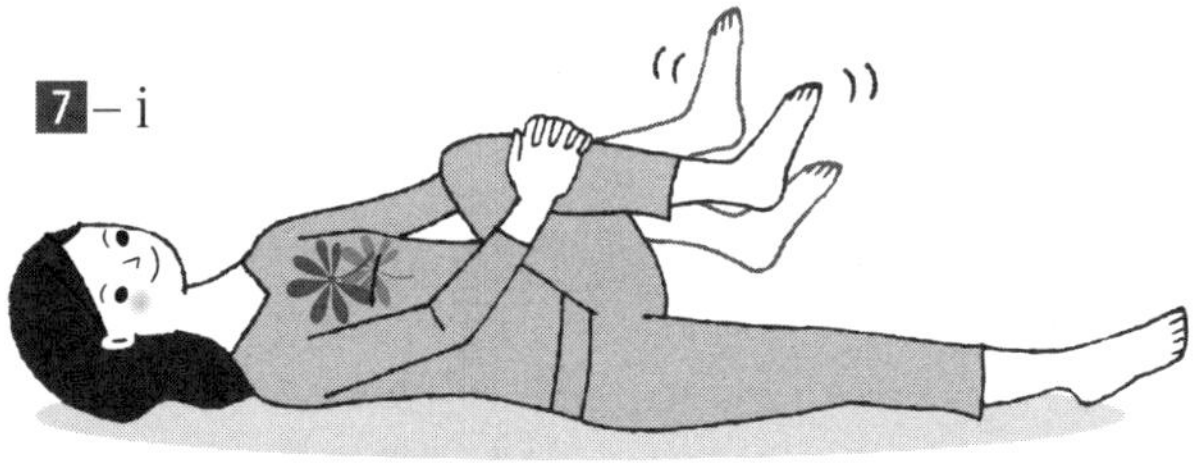

7–ii

体操です。
これで朝の足のエクササイズは終了。

EXERCISE【6】

朝のお目覚めストレッチ②

次は手の筋のばしです。

1 仰向けのまま、両手を頭の上に伸ばす。息を吐きながら、掌が壁と並行になるように曲げて、手首の筋を伸ばす。そのまま10秒数え、ゆっくりと普通にもどす。これを2回繰り返す。

次に腕の運動です。

2 起き上がって、肘をまげて、右腕を前から後ろに5回、後ろから前に5回、ぐるぐるまわす。左腕も同様に。

3 次に両腕を同時に前後に5回ずつ回す。

4 最後に肘を後ろに引き寄せて、両側から肩甲骨をぐっと締める。

1

5 最後に首をゆっくり、ぐるりと左に3回、右に3回まわす。

これだけで、スッキリと一日をスタートできます。

4

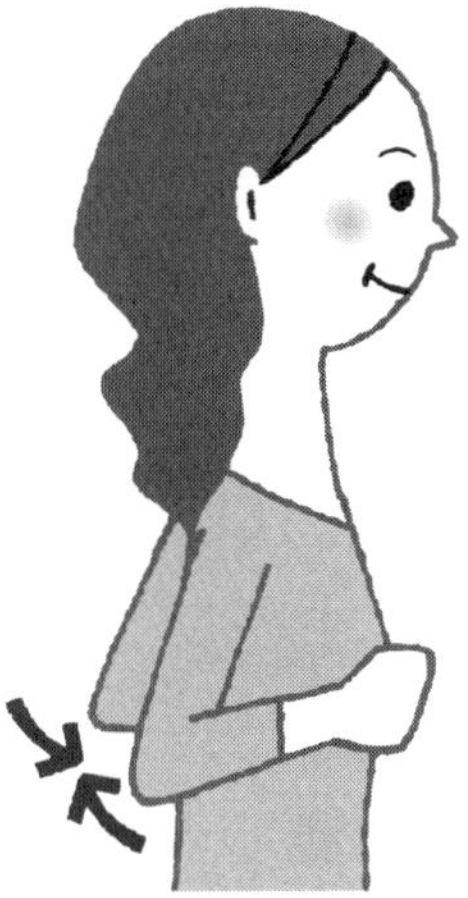

5

EXERCISE【7】

夜のおやすみストレッチ

リラックスして疲れを癒し、むくみを解消して気持ち良い眠りに就くためのエクササイズです。流れはとても簡単。

1 「朝のお目覚めストレッチ①」の**1**〜**10**と同じ。全身をリラックスさせるエクササイズを少し加えます。

11 横向きに寝そべり、右手で右足をぐっと天井に向けて持ち上げる。そのまま10秒数える。脚の後ろ全体の筋を伸ばす体操です。

12 膝を曲げて足をおろし、その足を後ろにまわして、かかとを右のお尻につける。背筋はピーンと伸ばす。

13 そのまま足を天井に向けてもちあげ、ふとももの内側のすじをのばします。

これを2回繰り返す（左足も同じ）。前腿筋と、脛の筋

11

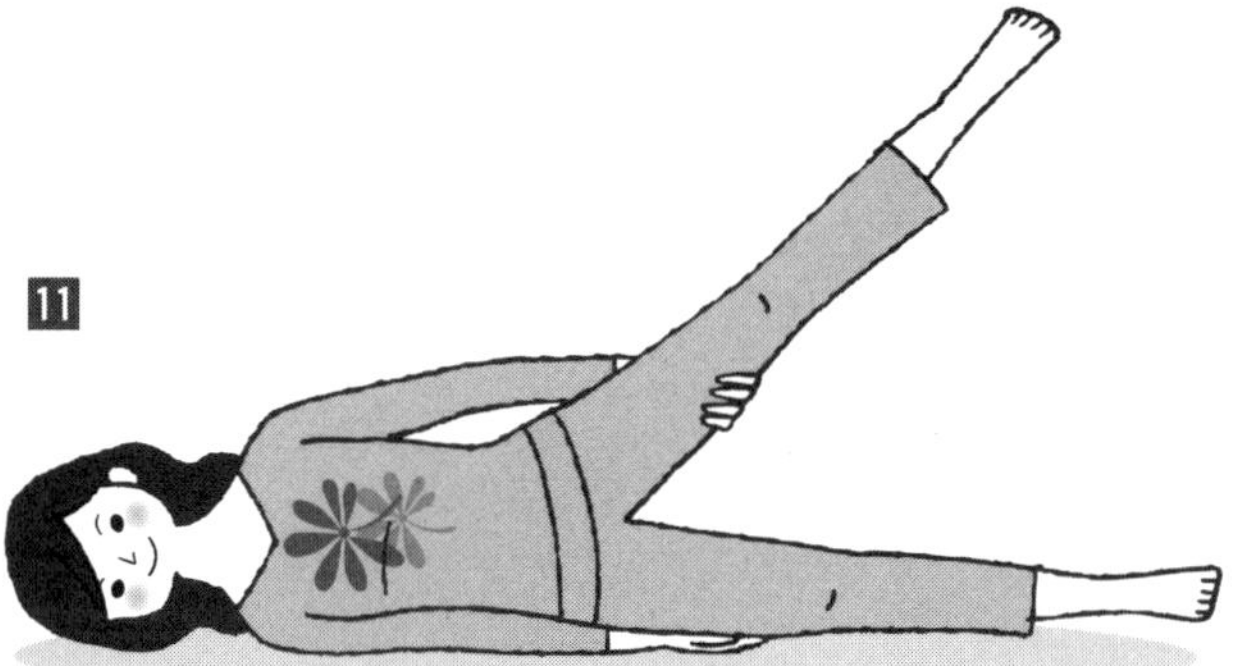

を伸ばす体操です。
ぐっすりおやすみなさい。

12－i

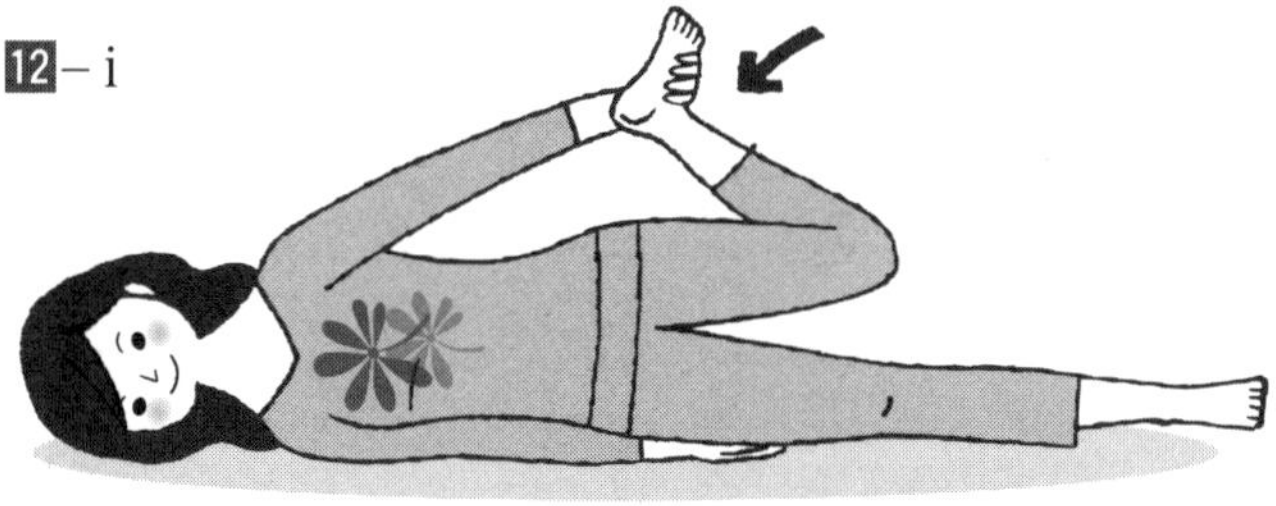

12－ii

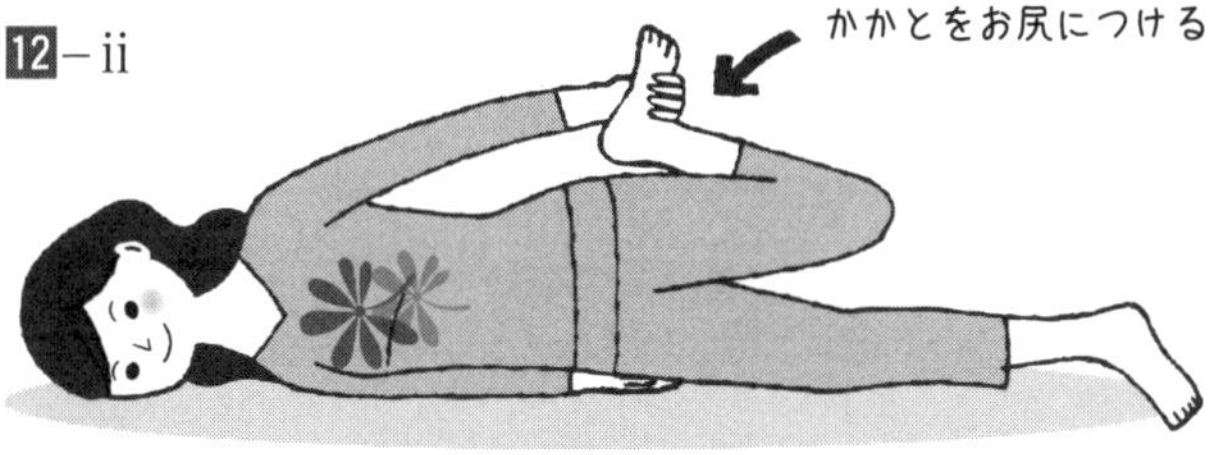

13

EXERCISE【8】

好きな音楽に乗って5分間エクササイズ

エアロビクスやヨガって体によさそうとは思うのですが、ジムに通うのって面倒でなかなか長続きしなかった、という経験がある方もいらっしゃるのではないでしょうか。それで考えたのが、自宅で、わずか5分でできるエクササイズ。これなら隙間時間に毎日続けられます。しかも、週に1回や2回ジムに行って30分エクササイズをするよりも、ずっと効果的です。

やり方はいたって簡単。4つの基本の動きを、好きな音楽に合わせて繰り返すだけです。たいてい1つの楽曲は4～5分ですから、1曲分だけ体を動かせばいいと思えば、楽に続

1

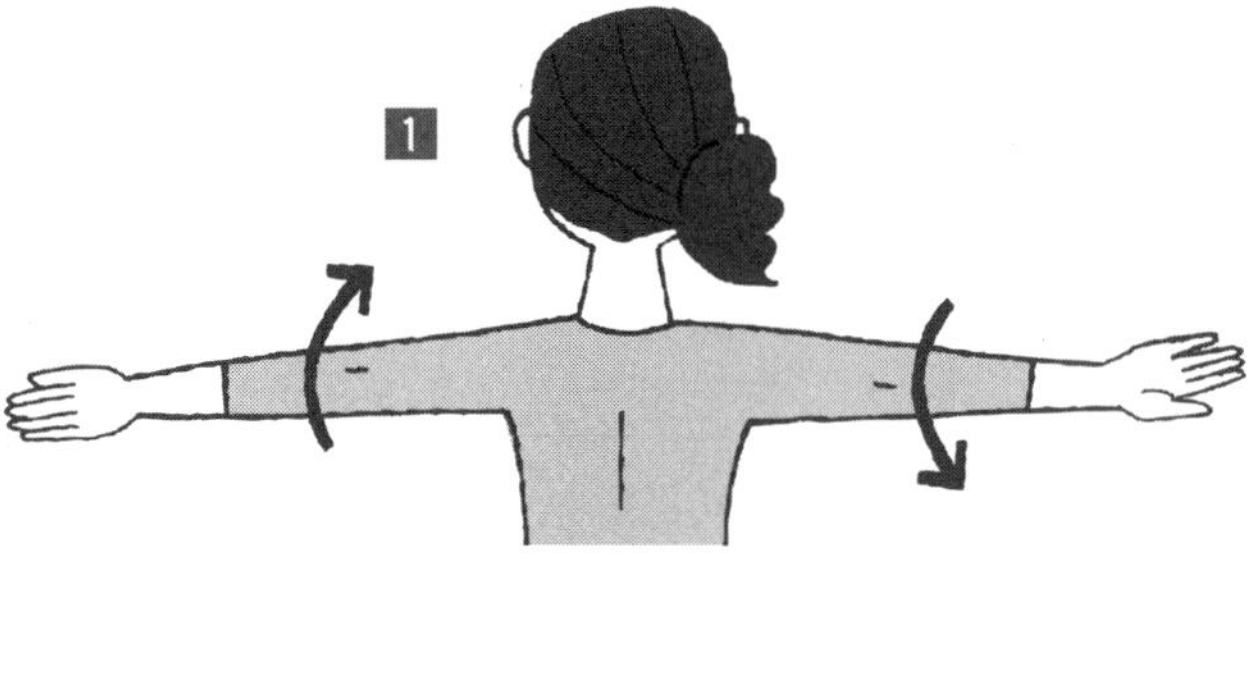

けられるのではないでしょうか。

【4つの基本の動き】

1 両腕を肩の高さまであげて左右に伸ばします。右の腕は後ろから前へ、左腕は前から後ろへひねります。ちょうど雑巾を絞るような感じです。これを10回くらい繰り返します。

2 上体を前に倒し、両腕を後ろに伸ばして、交互にひねります。これの10回くらい繰り返したら、

3 肩甲骨を締めるように両腕をぐっと引き寄せ、**2**と同様に交互にひねります。

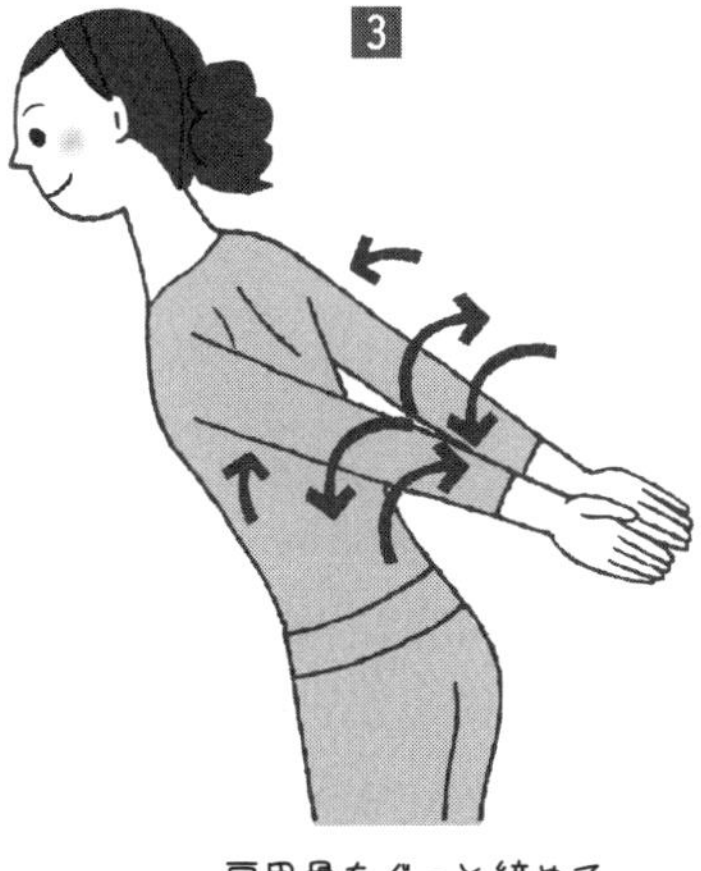

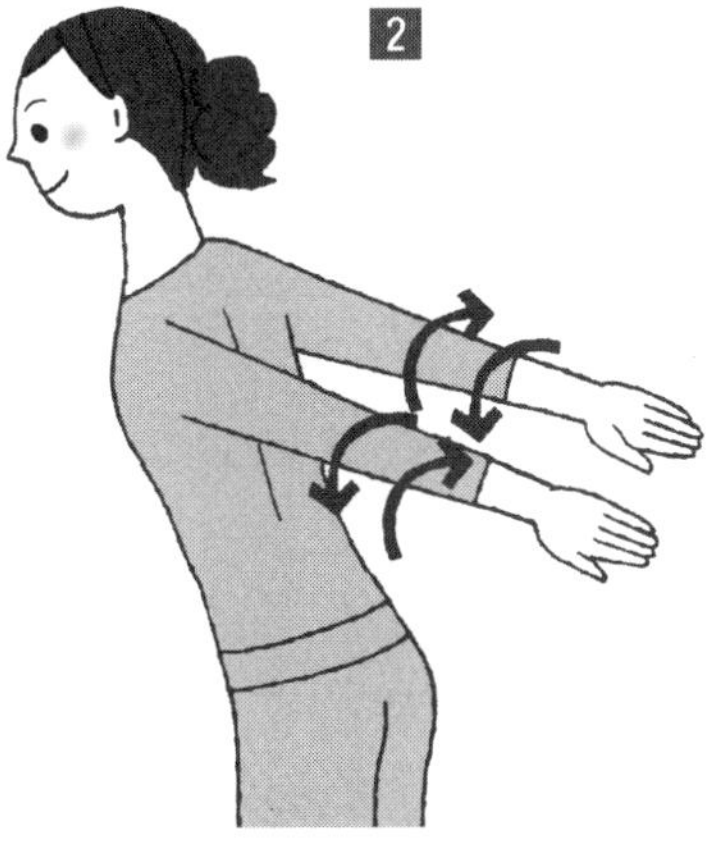

4

腰に手をあてて、左の腰をゆっくりと上にあげます。このとき右足が浮かないように！　次に右の腰をゆっくり上にあげます。体の軸はまっすぐのまま動かしません。

4－i

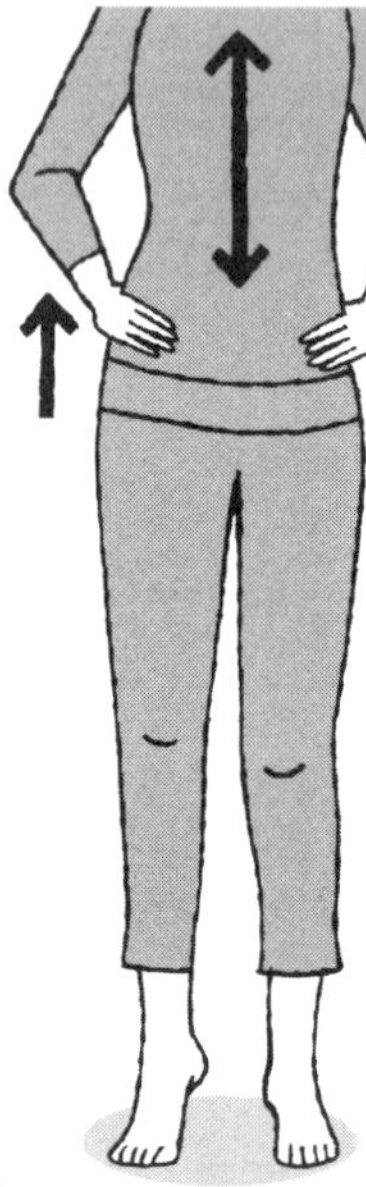

4－ii

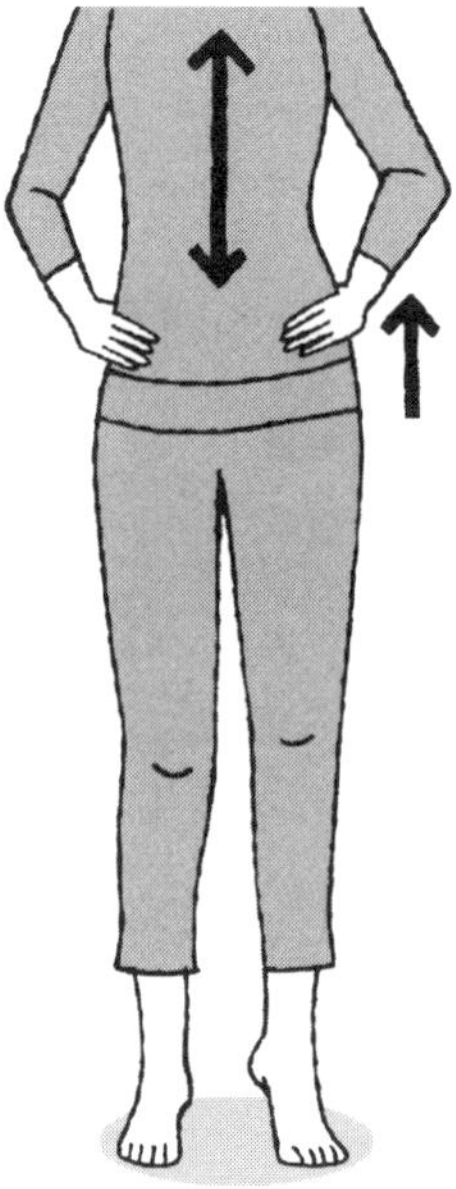

5 次に、腰を前、左、後、右、と回します。ぐるっと回すのではなく、1、2、3、4、とリズミカルに回すのがポイントです。

1～**5**を音楽が終わるまで繰り返します。簡単な動きですが、インナーマッスルを鍛え、無駄な脂肪を燃焼させます。基礎代謝量が増え、太りにくい体を作ります。

5

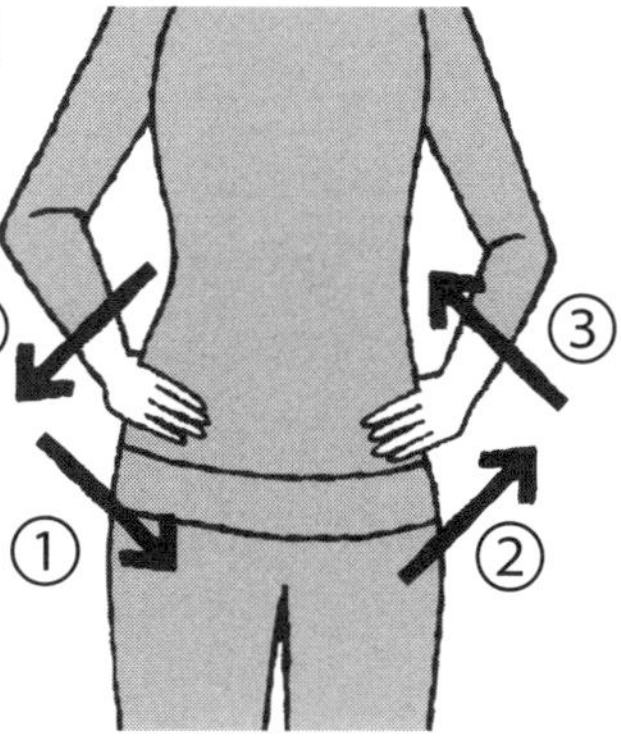

26

姿勢で±5歳は見た目が変わる

同じ年齢でも、背筋がぴんと伸びた人と、猫背の人では、背筋が伸びている人のほうが実年齢よりもぐっと若く見えるものです。

歩き方も同じ。胸を張ってさっそうと歩く人は若々しく見えますが、猫背でのろのろと歩く人は、見た目も陰気な感じがしますし、老けた印象を与えてしまいます。姿勢を正すだけで若く見えるのなら、こんなにお得なことはありません。

モデル時代によく言われたことですが、天井から見えない糸で引っ張られているようなつもりで背筋を伸ばし、まっすぐ立つことを習慣にしましょう。歩くときも、上から引っ張られたまま、腰の高さは変えないで、膝を伸ばしたまままきびきびと歩きます。座るときも背筋を伸ばし、両手はひざに。椅子に腰かけるときは、膝をそろえてななめに流します。

日頃から猫背気味の人は、背筋を伸ばしても、ちょっと気を抜くと、またもとに戻ってしまうもの。常に「正しい姿勢」を意識して、崩れそうになったら修正しましょう。

意識する事が大事です。

常に意識していれば、それはいつか癖になります。

癖になればこっちのものです。

正しい姿勢は、普段の自然な姿勢になるわけです。

常に正しい姿勢を意識するためには、玄関や寝室、台所など、なるべくたくさんの場所に鏡を置くことをおすすめします。顔だけでなく、全身が映る鏡がいいでしょう。

人は見られることで美しくなります。鏡を置いて、自分で自分の姿を見るのでもいいのです。ヘアスタイル、メイク、服装、全体の雰囲気を常にチェックすることを習慣にしましょう。うしろ姿もチェックすれば完璧です。

今日の服は決まっているな、そろそろ美容院にいかなくちゃ、と自分の姿に関心を持つことがとても大事なのです。

27

睡眠は生きるための栄養

睡眠不足は美容と健康の大敵です。早寝早起きを心がけましょう。とくに、夜10時から朝2時までは、ゴールデンタイム。夜更かしタイプの人も、遅くても11時にはベッドに入りましょう。なぜならこの時間に、美肌のためによい作用をもたらすホルモンの分泌が盛んになるからです。

そのうちの代表的なものが、メラトニン、セロトニン、成長ホルモンです。

メラトニンは、「睡眠ホルモン」とも呼ばれています。体内時計と関係していて、太陽が沈み暗くなると分泌され、自然な眠りを誘います。また、メラトニンには抗酸化作用があり、細胞の新陳代謝を促したり、疲労を回復してくれ、病気の予防や老化防止にも効果があると考えられています。

セロトニンは、朝起きて、太陽の光を浴びることで分泌します。「幸せホルモン」ともいわれ、心を安定させる作用があります。セロトニンが不足すると、不眠症になったり、キレやすくなったり、うつ病を発症すると言われています。

成長ホルモンは、もう大人だから関係ないと思うかもしれませんが、そんなことはありません。成長期に比べて、分泌量は減りますが成人でも分泌されます。骨を作り、筋肉を増やす、傷んだ組織を修復する、肌を再生する、病気への抵抗力を維持するなど、健康や若さを保つために必要不可欠なホルモンです。

睡眠不足だったり、昼夜逆転の生活をしていると、これらのホルモンが分泌されるチャンスが減ってしまい、せっかくの効果も期待できなくなってしまうのです。

……とわかっていても、なかなか思うようにいかないのもまた現実ですよね。

今、不眠症で悩んでいる方は、5人に1人と言われています。不眠の原因は、さまざまですが、中でも精神的ストレスからの不眠症に悩む方はとても多いようです。私も10年ほど前に、全く眠れない日が続いたことがあります。入眠剤を処方してもらっても効かず、激やせしてしまいました。でも、「人間は一生のうち3分の1は寝るようにできているから必ず寝られる」と人から聞き、「無理に寝なくていいんだ」とすごく気が楽になりました。そして、4カ月後には嘘のように不眠症が治ったのです。

もし、あなたも眠れなかったら、焦らず「いつかは寝られるわ」と気長にかまえてください。本当に眠れますから。

28

食材にこだわるよりデトックス

健康を保つ上で、規則正しく、バランスのよい食事はとても大切です。安全で体にいいものを食べるということももちろん大事ですが、いくら玄米が体にいいからと言っても、嫌いな人もいるでしょうし、毎日食べるのは難しいもの。無農薬や有機栽培の食材は、安全安心ではあるけれど、普通の食材に比べてかなり高価。長く続けるのはなかなか大変です。

野菜も魚も肉も、みな、命ある自然からの恵みですから、感謝を忘れずにおいしく食べて、悪い物は体の外に出す（デトックス）。その方が、気が楽ですし、現実的です。

デトックスには次のような効果があります。

① 新陳代謝が活発になる：老化予防、ダイエットの成功率があがる、美肌にも効果的。

② 血液・リンパの流れが順調になる：むくみ・肩こりなどの解消。生活習慣病の

予防にも。

③免疫力が増加する：風邪などを引きにくくなる。アレルギーを起こしにくくなる。

④内臓機能が向上する：便秘解消。必要な栄養吸収率アップ。不要な物質の排泄力アップ。

⑤自律神経が正常になる：ストレスがたまりにくくなる。不眠解消。アレルギーを起こしにくくなる。

いかがですか？　若さを保つために、いいことづくめですよね。

デトックスには、便秘は大敵。日頃から、ごぼうやレンコンなど、ダイコン、ニンジンなどの根菜や、サツマイモ、こんにゃくなど繊維質の多いものをたくさん食べ、便秘にならないよう気をつけましょう。

サウナやエクササイズで汗を流したり、リンパマッサージで老廃物の輩出をうながしたりすることも有効です。

普段からデトックスを心がけ、健康で若々しく心豊かに歳を重ねていく「スローエイジングライフ」を楽しみましょう。

29 ダイエットも無理なく！が一番

1日1食だけ食べて痩せるとか、お昼ごはんはリンゴ1個にして痩せるとか、炭水化物抜きで痩せるとか、世の中にはいろいろなダイエット法が氾濫しています。がまんを強いることはしないのがスローエイジングの考え方。

極端なダイエットは、かえって健康に悪いですし、何よりリバウンドの元凶です。ベスト体重を保つためには、①食べ過ぎないこと、②規則正しく3回食べること、そして③適度な運動です。

人が生きていくのに最低限必要なカロリーを基礎代謝量と言います。30〜60代の女性の場合、1100カロリー前後です。それに、日常生活や仕事、運動などで消費するカロリー分を足したものが、1日に摂取していいカロリー数になります。

一般的な成人の摂取カロリーの目安は、だいたい2000カロリー前後ですが、年齢があがるにつれて、基礎代謝量は減っていきますので、摂取していいカロリー数は減っていきます。40代の女性で、デスクワーク程度の軽作業をする人であれば、

1700カロリーが目安となります。

太らないためには、摂取していいカロリー数を守ること。そのために、自分が食べているものは何カロリーくらいあるのか、把握しておきましょう。

台所のよく見えるところに、よく使う食材や、主だったメニューのカロリーを調べて貼っておきましょう。インターネットなどで簡単に調べられます。

もう一つ、大切なことは、必要なカロリーを3回の食事できちんととるということ。1日に1食にしたり、極端に摂取カロリーを減らしたりすると、体が生命を維持するために、少ない食事の中から最大限に脂肪をため込もうとするようになり、太りやすい体質になってしまうのです。

基礎代謝量は、年齢によって減っていきますが、適度な運動や正しい食生活によって、新陳代謝を活発にすることで、高めることができます。すると、摂取してもいいカロリー数も多くなります。新陳代謝がいいと太りにくいのはそのためです。

30 体重増加を防ぐ方法

39歳で罹患した乳がんのホルモン治療を受ける際に、主治医の先生から、「副作用の一つで、多分10キロ程体重増加する可能性が大きいですが、再発防止のためにも太らないように気をつけてください」と告げられました。

そんな無茶苦茶な～と、腹が立つほど悲しかったのですが、何とかしないといけないと、生まれて初めて色々なダイエットに向かい合いました。

肥満は、糖尿病などさまざまな生活習慣病の元凶。もちろん過度な太り過ぎは見た目もよくありません。

太ってしまってから痩せるのは、時間もお金もかかりますし、無理なダイエットはストレスになるだけです。最初から太らないのが一番です。

太らないためには、前項で述べたとおり、①食べ過ぎない、②規則正しく3回食べる、③適度な運動ですが、わかっていても毎日となると難しいのが現実。ついつい誘惑に負けて食べ過ぎてしまう、ということは誰にでもあるものです。

私もそんな失敗を繰り返した末、太らないための最適な方法にたどりつきました。

それは「3日以内の帳尻合わせ法」です。

つまり、今日は食べ過ぎたな、と思ったら、その翌日、翌々日は軽めの食事にして、摂取したカロリーを3日で平均すれば、標準以内に収まるようになる、という食べ方です。

冷蔵庫には、カロリーの帳尻を合わせるための「特別料理」を常に用意しておきます。特別といってもなんのことはない、単なる蒸し野菜の盛り合わせです。

野菜はたとえば、玉ねぎを2つ切りにしたものを1個分とか、ざく切りのキャベツ半分とか、乱切りにした大根やニンジン一本分とか、きのこ類、ごぼう・レンコンなどの野菜を、下ごしらえした糸こんにゃくといっしょ

に蒸し器で蒸しておきます。そして、食べ過ぎた日の翌日は、この野菜に、好きなドレッシングをかけて食べることでカロリーを調整するのです。

ドレッシングもできるだけ低カロリーの物を選びましょう。

たとえば、ポン酢にごまを入れた「ごまポン酢」や、もずく酢や、塩こぶをドレッシング代わりにしてもとても美味しいです。

蒸し野菜はカロリーが低いわりにお腹にはしっかり溜まるので、無理なくおいしく食べる量を減らせます。

心美人編

今を充実させ明日に希望を描く

31

スローエイジングビューティを目指しましょう

スローエイジングの仕上げは、心美人を目指すことです。

心美人とは、笑顔が優しく、明るく、心穏やかな状態をいいます。

そんな状態の人のまわりにはたくさん人が集まります。

集まった人たちは、自然に癒され、その素敵なオーラに触発されて、生き生きしてきて、心も明るくなる。美の良循環がおこります。

いじわるで、不平不満ばかりの人は、だんだんとその醜い心が表向きの見た目をも支配して、いじわるな顔つきになっていきます。

すんだことをいつまでもくよくよしたり、嫌な人への憎しみをいつまでも募らせていても幸せにはなれません。

昨日は二度と戻らず、明日は誰にもわからないのです。

であれば、「これまでの人生を慈しみ、今を充実させ、明日に希望を描く」ことです。

これまでのことは、後悔してもどうにもなりません。それらも含めて慈しまなければ今はなく、今に気づかなければ未来にはつながりません。

この世で出会う出会いに、意味のない出会いはないのだそうです。

大好きな人、楽しいこと、嬉しいこととの出会いは、感謝と幸せを与えてくれます。

また、嫌いな人、嫌な出来事、悲しい悔しいこととの出会いは、反面教師として、前向きな反省と戒めの材料となります。だとすれば、嫌なものや嫌いな人は見たくないと背を向けてしまうと損をしますね。

心穏やかで、笑顔が優しく、自然に癒される、スローエイジングビューティをめざしましょう。

32 口癖の法則

心美人になる一番簡単な方法は、言葉を変えることです。

健康科学者で医学博士の佐藤富雄先生によると、人は「口癖から老化する」のだそうです。

「もう若くない」「年だから」「疲れた」……そんな言葉をついつい言ってしまうという人は要注意。そのようなネガティブな言葉を発して、それを真っ先に聞くのはあなた自身の脳です。

脳は、聞こえた言葉に合わせて、頭や身体を変えていこうとするのだそうです。だから、もしあなたが「もう若くない」と言ったとしたら、あなたの脳が、その言葉をキャッチして、あなたを「もう若くない」人に変えていってしまいます。「言葉が老ける」と、心や肉体の〝老化時計〟は一気に進んでしまうのです。

日本には昔から「言霊」という言葉もあります。言葉には魂がやどっていて、あなたの口から発した言葉が本当になるという意味です。

これからは、「楽しい」「面白そう」「まだまだできる」といった、プラスの言葉、希望の言葉を口癖にしましょう。脳がキャッチして、それを叶えるように働いてくれます。

幸せな口癖は幸せなオーラを生み、幸せが寄ってくる。好循環がおこるのです。

人を幸福にする言葉

「良かったね。」

「うれしいね。」

「楽しいね。」

「幸せだね。」

「気持ちいいね。」

「有難いね」

人を成功に導く言葉

「運がいい。」

「ついてる。」

「ラッキー。」

「うまくいくよ。」

「ありがとうございます。」

人の潜在能力を引き出す言葉

「すごいね。」

「さすが、君だね。」

「すばらしい。」

33 プラスの言動が、プラスの心をつくる

前項で、心美人のためには、言葉を変えること。マイナスな言葉を言わず、プラスの言葉だけを発しましょうと書きました。でも、言葉を変えるだけで心が変わるのか、と思う人もいるかもしれませんね。

私も最初はそう思っていました。

もともと私は楽天的な人間ですが、さすがに乳がんで入院し、闘病生活を送っていたときは、ネガティブワードばかりを発していました。

「どうせもう、もと通りにはならない」「次の検査の結果もよくないに違いない」「もしがんが転移していたらどうしよう」などなど。そういう言葉を発すれば発するほど、本当にそうなるような気がして、どんどん気持ちが落ち込んでいくのです。

悪いことばかり考えて、とことん落ち込むと、もうあとはありません。すると、心の奥底から、ふつふつと「いつまでうじうじしているの？　いくら考えてもしょうがないじゃない！」という声が聞こえてきたのです。

それからは、「絶対大丈夫！」とポジティブなことばかりを口にするようにしました。そうすると、本当に大丈夫な気がしてくるのです。

手術後、右腕が動かなくなったときも、以前の私なら「このままずっと動かないのではないかしら」と思ったでしょう。でも、「大丈夫。3日後には動いているはず！」と自分に言い聞かせました。

言葉を変えると、生活も変わっていきます。

不自由な左手でメイクをして、毎日廊下を散歩しました。部屋には、お花を飾り、ここはカフェなの？　と言われるくらい、大好きなコーヒーのいい香りが漂う部屋になりました。

辛いときほど引きこもらないで、きちんとメイクをし、きれいな自分を演出して外に出ること。それが元気を取り戻す秘訣だと、そのときに実感したのです。

34 人の心は水と同じ

「心」ってどこにあると思いますか？　心臓？　脳？

心とは何ともつかみどころがないものですし、自分の心なのにはっきり見えない、解らないものです。

だから、いつも穏かで、自然に快適に保つことは難しいのです。

自分の心を目の前に取り出して、どんな状態なのか客観的に見られたらいいのに……と思ったことはありませんか？

乳がんを発病して、心を病み、鬱々とした日々を送っていたときに、心ってなんだろうと、つらつらと考えました。そして、心って水なんじゃないかな、と思い至りました。

心の状態を表す言葉をちょっと思い浮かべてみてください。

満たされる、涸れる、洗われる、汚れる、清い、淀む、あふれる、温かい、冷たい、などなど、水に関する言葉がとても多いのです。

そこで私は、「心は水」、そして「ピッチャーは心の入れ物」と置き換えてみました。「心の状態は、ピッチャーに入った水の状態と同じ」と仮定したのです。

すると不思議に、自分の心の状態が客観的に見えるようになったのです。

心の水は少なすぎても多すぎてもいけません。熱すぎても冷たすぎてもいけません。ひと肌でだいたい80%くらいに満たされているのがちょうどいいのかなと思います。

もし自分が、「最近ちょっとイライラしているな」「なんだかふわふわしていて地に足がついていないな」と思うときは、「今、私の心の水の状態はどうだろう」と考えるようにしています。

水が少ないな、と思うときは、好きな音楽を聴いたり、おいしいものを食べたり、自分が一番やりたいことをやります。

水があふれすぎているな、と思うときは、独りよがりになっていないか、自分見つめ直すきっかけになります。

こうやって、冷静に自分の心の状態を見ることで、ストレスの原因が少し見えて来て、いたずらに落ち込んだりすることがだいぶ減りました。

ぜひ参考にしてみてください。

熱すぎ or 冷たい
あふれている
高ぶっている
自信過剰
……
冷たくて少ない
悲しい
寂しい
……
人肌で 80%くらい
楽しい
嬉しい
……

Column

将来の不安を「可視化」して

これから起こるかもしれない、原因や対象がはっきりしない未知への不安や恐れ、焦りで心が落ち着かないことって誰にでも、何度でもやってきます。

将来に対する漠然とした不安、経済的な不安、大切なものを失うかもしれない不安、未知の世界に飛び込むときの不安、自分を見失いそうな不安……。

そんなときは、現状や問題点を紙に書き出し「可視化」しましょう。

可視化したら客観的に眺められます。

「他人ごと」くらい気軽に考えられたらベストです。

すると、「本当に大切な事・大切な人」、「実はどうでもいいこと」、「今は静観していてもいいこと」……そんなことが、たくさん見えてきます。

「見えない敵」が1番怖いのですから、敵が見えたら進む道が見えてきます。

自分を信じて応援し、ときには祈ってください。

不可能を受け入れる謙虚さと、可能なことをやり遂げる勇気、そして、それらを見分ける知恵をください……と。

35

忘れ上手は幸せ上手！

一度だれかに言われた嫌な言葉をいつまでも覚えていて、恨みを募らせている人がいます。

そういうのってしんどいなと思います。

たまたまそのときは相手も機嫌が悪くて、うっかり口を滑らせたのかもしれません。それをいつまでも恨みに思うのは、時間の無駄。それだけの執着力があるのなら、別のプラスのことに使いましょう。

私は、よく人から、「毎日楽しそうでいいですね」と言われますが、本当のことを言うと、楽しいことばかりではありません。ただ、嫌なこと、辛いことはすぐに忘れてしまって、いいことしか覚えていないだけのこと。そんな私も乳がんで長い闘病生活を送っていたときは、ネガティブシンキングのかたまりでした。

でも、あるとき気付いたのです。後ろ向きのことばかり考えていても仕方がない。暗い顔ばかりしていたら、せっかく優しくしてくれる人も一人、また一人と去っていく。そんな悲しいことはないと。

手術をして、姿形は以前と同じではなくなりましたが、せっかくいただいた命です。嫌なことは忘れて、自分で積極的に行動を起こさなければ、何も始まらないのです。

自分から外に向けて動き始めたことで、新しい出会いもありましたし、生きていく目標を見つけることもできました。今は、やりたいことが一杯で一日が24時間では足りないくらいです。

忘れ上手は幸せ上手。いいことだけ覚えて、嫌なことはどんどん忘れてしまいましょう。

もちろん反省することは必要です。でも、失敗をしたときも、反省して、原因を確認し、二度としないよう気をつけよう、と心に刻んだら、失敗したこと自体は忘れてしまえばいいのです。

36

いいことばかりでなくて当たり前

毎日、そんなにいいことばかりではありません。努力で超えられるのなら何でもしますが、自分の努力ではどうしようもないこともあります。

過去と他人は変えられない、とも言いますよね。

変えられるのは未来と自分だけ。

どうやっても変えられない相手や環境を恨んでも仕方がありません。

でも、困難な状況の中でも、一筋の希望はあるはずです。それをたよりに、今日を大事に、ていねいに暮らしていきましょう。

100%希望どおりにいかなくても、まあいいか、と折り合いをつけ、でも決してあきらめず、チャンスがめぐってくるのを待ちましょう。

神様は、それを乗り超えられる人を選んで苦労を与えていると思います。だから超えていかないとね。

人生という限られた時間を、コンプレックスや解決できないことに悩んで押しつぶされて過ごすより、楽しく笑って過ごしたほうが素敵です。

私が、「メイクで人を元気にする」という活動を始めたのも、病気をして生きる希望を失いかけている人たちを元気にして、明日への一歩を踏み出してもらいたいと思ったから。がんで入院していたときに、抗がん剤で髪の毛も眉毛やまつ毛もみんな抜けて、友だちにも会わず、人目を避けるように過ごしていた人をたくさん見ました。この人たちが、せめて友だちとは会えるくらいに元気になってくれればと思い、メイクの勉強を始めたのです。

一度きりの今生なら、明るく生きたい。どうせなら、きれいに華やかでいた方が楽しい。そう思って、今も活動を続けているのです。

Column

眠れぬ夜の話

ベッドに入ると20秒で熟睡できてしまうのが若い頃の私の特技でしたが、こんな私でも、前章で述べたように、ひどい不眠症になったことがあります。こんな状態がいつまで続くのだろうと不安な気持ちでいたとき、当時高校生だった甥がひと言こう言いました。「人は一生の3分の1は寝るようにできているんだよ。無理して寝ようとしなくても必ず寝られるよ。大丈夫だよ」

目からウロコでした。そのときから無理に寝ようとするのをやめ、どうせ眠れないならその時間を有意義に使おうと発想を転換しました。

昼間は普通の生活をして、眠れない夜は、写真の整理や好きなビデオ鑑賞、音楽鑑賞など、一人でする方が適していることをしました。

4日後、驚いたことに、お昼をすぎたあたりから、急に睡魔が襲ってきました。夜まで頑張って寝るのを我慢し、8時にはベッドに入りました。あんなに辛かったベッドがなんと懐かしく、温かかったことか。普通に眠れることがこんなに幸せなんて。それを実感できただけでもいい体験だったかもしれません。あなたも、もし不眠症に悩むようなことがあったら、ぜひ参考にしてみてください。

最終章
私がたどってきた道

スカウトされ17歳からモデルに

今私は、一人でも多くの人が、毎日、楽しく、明るく生活できることを願って、スローエイジングという考え方を広める活動をしています。

講演活動をしたり、福祉施設を訪ねて入所者の方々にメイクをさせていただいたり、という毎日です。

20年間専業主婦をしていた私が、本格的に活動を始めたのは2002年、40半ばをすぎてからでした。

17歳のときにスカウトされて、モデルになったのが、芸能界という世界に足を踏み入れたきっかけです。その頃の私はといえば、まだ将来何になりたいという目標もありませんでした。なんとなく大学に進学して、4年間のあいだにゆっくり将来のことを考えればいいや、ステキな人に出会って結婚してもいいし、なんて思っている、どこにでもいるごく普通の女の子でした。

でも、モデルなんて私につとまるのかしら? 芸能界のことなんて知らないし、なんだかあやしいところだったらどうしよう……。もし、モデルがだめで、やっぱり大学に進学しよう、なんてことになっても、受験勉強をするには手遅れかもしれないし……。

そんなふうに悩んでいた私の背中を押してくれたのが、モデル事務所（すみれモデルグループ）の社長でした。その方は、当時50歳を少し過ぎたかどうかという年齢でしょうか。みごとな白髪の女性で、17の私から見れば、ずいぶんお年を召していたように感じましたが、洗練されたとてもきれいな方でした。その方がこうおっしゃったのです。

「この年になった私だからこそ、一つアドバイスできることがあるわ。長い人生において、1年や2年の寄り道なんてどうってことないってこと。だれでもが芸能界に入れるわけじゃない。せっかくそのチャンスがあるのだから、少しのぞいて見たらいいじゃない。それで面白いと思ったら続けたらいいし、嫌ならやめたらいい。芸能界の仕事をしながら、ほかの道を見つけたっていいのよ」と。

それでモデルとして活動を始めたのです。

ちょっとのぞいてみるつもりで始めた世界でしたが、すぐに超多忙な毎日が始まりました。その頃は、アイドル全盛時代でもあり、19歳のときには「渚通りのディスコハウス」星ますみで歌手デビュー。CM出演や、番組アシスタントなど、仕事の幅も広がっていきました。CMの撮影や、テレビの収録と、新しいたくさんの出会いの中、日々が過ぎていきました。25歳を過ぎたころ、このままでいいのかな、もっと違う人生があるのではないかしら、と思い始めました。

そんなときに、作曲家の今の夫と出会いました。8年間の同棲生活を経て、33歳のときに結婚。芸能活動をやめて専業主婦になりました。

忙しかった日々から一転。ゆったりとしたときの流れの中で、お料理に凝ってみたり、インテリアをいろいろ工夫してみたり、専業主婦の生活を満喫していました。

突然のがん告知

ところが、ある日、かなり進んだ乳がんであると医師からの宣告。まさに青天の霹靂でした。

でも実は、32歳のときに、胸に小さなしこりがあることに気付いていたのです。そのときすぐに乳腺外科を受診するべきだったのですが、その当時は、乳腺外科という診療科もなく、情報不足のまま、胸の病気だからと産婦人科に行ってしまいました。結果は良性でしたが、半年後に必ず再来院をするように言われていたにもかかわらず「私にかぎって……」と思い、そのまま放っておいたのです。

そして、38歳の年末、急に症状が悪化。右胸が岩のように硬くなり、痛みで寝返りが打てないほどになりました。それでも、「まだがんになる年齢ではないし」と診察を受けませんでした。でも本当は、恐怖心で、現実から目をそらせていただけだったのかもしれません。

半年後、ついに痛みが耐えられないほどになり、家族のすすめもあって、大学病院を受診。結果は、乳頭から広がるがんが3・5～5cmと、かなり大きく進行していました。

ほおっておくと、来年の桜は見られないかもしれない。右胸を全摘して科学療法で徹底的に治療をするか、何もしないかのどちらかだと言われました。

たとえ手術で命を長らえたとしても、女性にとって乳房を失うということは、とうてい受け入れられない現実でした。親からもらった体を切り刻むことも絶対にいやでした。延命よりも残された時間を私らしく生きようと、治療はしないと告げて病院をあとにしました。

その日、5月31日は、私の39歳の誕生日でもありました。空はどこまでも青く、さわやかな初夏の風が、青々とした緑の木々を揺らしていました。意外にも、心はおだやかでした。

　でも、当時、奈良県知事選を間近に控えていた夫は、「選挙をやめるから一緒に闘おう」と。実家の父は娘の顔を見ることもできず、母は「自分が代わってあげたい」と泣きました。

　私には家族がいる。闘わずに死ぬわけにはいかない。そう思い、再び病院に向かい、がんと闘うことを告げたのです。

出口のない長いトンネルのような10年間

　翌日から、転移を調べる辛い全身検査が始まりました。でも、転移はどこにも見られず、この状態で転移がないのは奇跡だと言われました。セカンドオピニオンも奨められましたが、ここまで進行したのでは全摘しか選択肢はないが、一緒に闘いましょうとおっしゃる主治医の先生を信じ、検査の6日後には手術。その後は、再発予防のために閉経状態にするホルモン療法をすることになりました。

　右胸を全摘したうえに、生理もなくなり、女性ではなくなってしまう……。がん告知とは別の絶望感が新たに襲ってきました。

その後の10年間は、出口のないトンネルをずっとさまよっているような絶望の日々でした。ホルモン療法の副作用で、むくみとうつ症状が出るようになりました。顔は毎月1週間は耳たぶまでパンパンにむくみました。もともとは楽観的な性格の私でしたが、その当時は何をするにも無気力になり、周囲の人の親切も素直に受け入れられなくなっていました。右胸をなくしてしまった喪失感も、想像以上に大きく、親しい友人以外には、乳がんのことを隠していました。

手術から4年後に、心配する母を安心させたいと、勇気を出して母と温泉に行ったのですが、皆さん驚いたように私を見て、若いのに気の毒ねというように、目をそらすのです。母を安心させるどころか逆に悲しい思いをさせてしまいました。もちろん私も、「やっぱりそんな病気なんだ」と、改めて絶望を感じたのです。

夫に優しい言葉をかけられても「どうせあなたにはわからない」と投げやりな態度で、自分で自分が嫌になっていましたが、どうすることもできない自分。このままではすべてを失ってしまう、優しくしてくれる人たちも離れていってしまう。そう思ったときに、変わらなければという気落ちがふつふつとわいてきました。

前へ進むきっかけになったのは、乳房再建です。そのころは、医師も、世間の人たちも、「命が助かったのだから見かけなんてどうでもいいだろう」という考え方が普通でした。夫も母も、「また手術なんて」と大反対。それで一度は断念しました。

それまで私は、モデルになったのも、歌手デビューしたのも、たまたまスカウトされたり、時代の流れに乗っただけで、自分からこうしたいと強く望んだことではありませんでした。でも、このトンネルを抜けるためには、自分で状況を変えるしかないのだと、「自分で責任をとるからやらせてほしい」と説得し、手術に踏み切りました。遅まきながら、あのときが私の自立の第一歩だったのかもしれません。

まだまだ再建手術の情報が少ない中、神の手と呼ばれる阪大病院形成外科の矢野健二先生を知り、2年間かけて4回の手術を受けました。

最後の手術が終わって完成したときは、それはそれは嬉しかったです。でも、その夜お風呂に入って右胸にふれると、そこだけ冷たいまま。色も皮膚表面だけ、異常に赤いのです。再建さえすればもとの自分にもどれると夢いっぱいだっただけに、頭を殴られたような衝撃でした。

どんなことをしても、どんなに努力しても、もう元には戻らないんだ。これが私の現実なんだ、と心の奥底に深く深く、決定打を打ち込まれました。現実を受け入れるしかないんだと悟ったのです。もう、くよくよせずに、この現実とともに生きていこうと。

だれかのお役に立ちたい、その思いがメイクの道へ

私には、再建を決意したころから、あたためていた思いがありました。10年間の闘病中に同じ乳がんを罹患されたたくさんの女性たちと知り合い、その人たちが、一人、また一人と亡くなっていく姿を見てきました。私には子どもはいませんが、幼い子どもを残して無念のまま亡くなった方もいました。

そのたびに、どうしてこの人たちが亡くなって、私が生き残ったのだろう。残された私には、何かするべきことがあるのではないか。私にできることって何だろう。そんなことをずっと考えていました。そこで、たどりついたのが、メイクで人を元気にしたい、ということでした。

というのも、病院には、抗がん剤や放射線治療の副作用で、頭髪だけでなく、眉毛やまつげが抜けた患者さんがたくさんいて、みんな帽子で顔をかくし、人の目を避けるようにして暮らしているのを見てきたからです。この方たちがメイクで元気になって、せめて友だちに会えるくらいになってくれたらいいなと思ったのです。

メディカルメイクとの出会い

インターネットでメディカルメイクを学ぶことができる講座を知り、２００４年にメディカルメイクアップアーティストの資格をとりました。

メディカルメイクとは病気による皮膚変色や、アザ、母斑、白斑、血管腫等をメイクによってカバーし、傷跡（事故や手術の痕跡）や火傷の跡を目立たなくする、医療の補助手段の１つです。

このメイクに出会って、「今私にできることはこれだ！」と思いました。

今よりきれいになる。華やかに装うためのメイクしか知らなかった私には、この明るく前向きに生きるための「希望のメイク」との出会いはカルチャーショックでしたし、とても大きな感動でした。

メイクの力ってすごい

同じ時期に、講座で知り合ったメンバーと、Cutener・sM（キュートナーズエム）

というチームをつくり、障がい者支援センターや高齢者福祉施設、精神病院で、入所者や患者さんにメイクをさせて頂くというボランティア活動を始めました。

生まれつき全盲の方は毎回口紅の色を指定します。きれいに仕上がった顔を鏡で確認することはできないのに、それでもとても満足されて嬉しそうにお帰りになるのです。

また、軽度の認知証を患い、普段めったに表情を出さない方が、口紅をさし、頬紅を薄く塗って華やかになると、とても嬉しそうに手鏡に見入っているその様子は施設の方が驚くほどの変化でした。

「華やかに明るくきれいになると嬉しい」という思いは、障がいをお持ちの女性も、高齢の女性も、全ての女性の本心なんだと確信し感動しました。

華やかに明るくきれいになることは、心まで華やかに明るくしてくれる。また、自分にとって、一番懐かしい良き時代に一瞬でタイムスリップさせてくれる不思議な魔法なんです。

精神病院にも、メイク道具を持ってチームで出かけました。

最初患者さんたちは、最初、遠巻きに見るばかりで、なかなか私たちのところに来てくれません。興味がないのかな？　と思いながら待っていたら、ようやく一人の患者さんが、やってきました。

その方にメイクをしてあげると、大急ぎできれいになった顔をみんなに見せに行きました。すると、ほかの患者さんたちが「私も、私も」と、いっせいに押しかけて来て、順番札を配るほどの興奮状態になってしまいました。

メイクにはこんなに人を元気に変える力があるのだと、驚かずにはいられませんでした。

メイクによって、人を元気にしたり、次のステップを踏み出すきっかけを作ったりすることを「リフレッシュメイク」と名付けて、活動を続けています。

最近では、大学病院などの医療機関でも、メイクが認知症などの改善に効果があることが認められ、化粧療法として、広がりつつあるようです。私たちがやってきたことは間違っていなかったのです。

仲間をふやし、リフレッシュメイクの輪を広げたい

「リフレッシュメイク」の活動は、人を元気にする、ということはもちろん、施設の環境が少しでもよくなるようにとの啓発活動の意味も含めて、少しづつ、場を

広げています。

そのために、障がい者や高齢者福祉施設のスタッフの方々に安心して活動を見守って頂けるように介護の資格も取りました。

これからは、たくさんの仲間を増やして、メイクを治療やリクレーションの一環として取り入れてもらえる施設を全国に広げていきたいと思っています。

この本を読んでくださったみなさんも、まずはご自身が若々しくきれいになっていただき、次のステップとして、ほかのだれかのために、メイクによって心豊かな毎日を送るお手伝いをしたいと思っていただけると嬉しいです。

一人では限界があることも、仲間が集えば可能になることはたくさんありますものね。

私たちもいずれは高齢者となり、高齢者福祉施設や医療機関のお世話になるかもしれません。私たちの活動が、それらの施設の環境改善に少しでも役立つことができれば、望外の喜びです。

おわりに

この本をお手にとっていただき、また、最後までお読みいただき、ありがとうございます。

あなたもきっと、日々さまざまな出来事に出会い、喜び、悩みながら、でも、素敵な明日を信じて今日を過ごされていらっしゃるのではと思います。

１９９５年、思いもかけず乳がんを患ったことで、他人事でしかなかった「がん告知」や「闘病生活」が現実のことになってしまいました。

そして、病気に限らず、「まさか！」という出来事は突然やってきて、そこには「私に限って」という例外はないということを痛感しました。

罹患し、長いトンネルをさまよっていた経験があったからこそ気づいたことがあります。

それは、人は、一人では生きられないということです。

家族、友人、主治医の先生方。皆が支えてくださったから、乗り越えて来られました。

生きて行く上で、一番やっかいで、ストレスの原因になるのは確かに人間関係です。でも、先が見えなくなったときに、手を差し伸べてくれるのもまた、人なのです。

一人の力には限界がありますが、何人か仲間が集えば不可能な事を可能にすることもできます。

人は、生まれるときも一人。死ぬときも一人です。だからこそ、生きている間は、だれかを支え、だれかに支えられる温かい人間関係が必要なのです。

過去には戻れず、明日は見えません。

「これまでの人生を慈しみ、今を充実させ、明日に希望を描く」のがスローエイジングです。

明るい明日を信じ、素敵な今日を過ごすために、この本がお役にたてれば幸甚です。

中村　ますみ

中村 ますみ（スローエイジングデザイナー）
1956年生まれ。17歳でモデルとしてスカウトされ19歳で歌手デビュー。タレント活動を経て作曲家の中村泰士と結婚。専業主婦となる。39歳のときに乳がんを罹患。闘病生活の後「今自分にできること」を摸索し、2002年からメディカルメイクのボランティア、ピンクリボン活動を始める。様々な出会いや気づきを経て、「美容」「健康」「心」のバランスを意識し、決して無理をせず、されどアクティブな「生涯女性」として過ごす、自然で優しい「スローエイジングスタイル」にたどり着く。2006年、㈲ドットM' m設立。「スローエイジングデザイナー」として特許庁より登録認定。HP：http://www.dot-mm.com

編集協力／石井 栄子　**DTP・装丁デザイン**／大野 佳恵
表紙写真／戸井田 夏子　**イラスト**／安田 ナオミ

スローエイジングスタイルのすすめ
48歳からの自分づくり

2014年4月8日　初版第1刷発行

著　者　中村 ますみ
発行者　比留川 洋
発行所　株式会社 本の泉社
〒113-0033　東京都文京区本郷2－25－6
ニューライトビル1F
TEL.03-5800-8494　FAX.03-5800-5353
http://www.honnoizumi.co.jp/
印　刷　音羽印刷株式会社
製　本　株式会社 村上製本

ISBN978-4-7807-1157-8 C5036